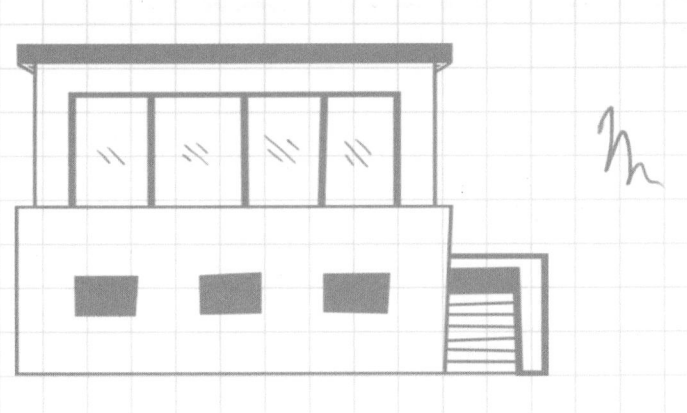

어린이 직업 아카데미 ①
건축가

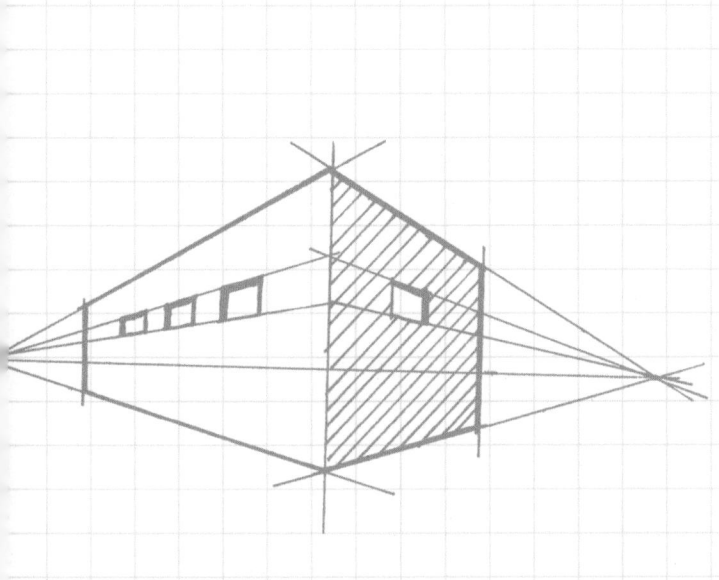
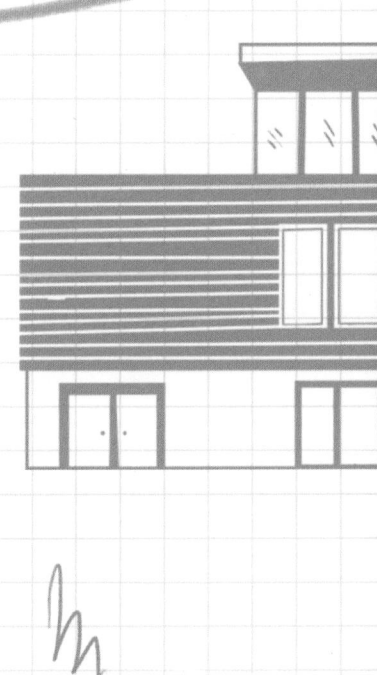

글 스티브 마틴
영국에서 선생님을 하다가 어린이를 위한 책을 쓰기 시작했고, 오랫동안 많은 작품 활동을 했어요.
이 시리즈는 학교에서 어린이들을 가르칠 때 직업의 세계를 새롭게 전달해 줄 방법을 고민했던 작가가
전문가들의 의견을 참고하여 만들었어요.

그림 에시 킴피메키
핀란드에서 태어나 스코틀랜드에서 활동하는 일러스트레이터로 영국 글래스고 예술 학교에서 그림을 공부했어요.
세계 곳곳을 여행하며 작품 활동을 하고 있어요.

옮김 이상훈
서울대학교 미대를 다니다가 영국으로 건너가 건축을 전공했어요. 영국 건축사 자격을 받고 그곳의 유명 건축 회사에서
근무하다 한국으로 돌아와 성북동에 이상훈 건축연구소를 열었어요. 현재는 서울시 공공건축가, 성균관대 건축학과 겸임교수,
이상훈 건축연구소 소장이지요.

어린이 직업 아카데미 ① 건축가

초판 3쇄 발행 2019년 2월 5일

글 스티브 마틴 | **그림** 에시 킴피메키 | **옮김** 이상훈

펴낸이 홍석 | **전무** 김명희 | **편집부장** 이정은 | **편집** 차정민·이선아 | **디자인** 나비 | **마케팅** 홍성우·이가은·김정혜·김정선 | **관리** 최우리
펴낸곳 도서출판 풀빛 | **등록** 1979년 3월 6일 제8-214호 | **주소** 서울특별시 서대문구 북아현로 11가길 12 3층 (북아현동, 한일빌딩)
전화 02-363-5995(영업) 02-362-8900(편집) | **팩스** 02-393-3858 | **전자우편** kids@pulbit.co.kr | **홈페이지** www.pulbit.co.kr

ISBN 978-89-7474-719-0 74080
ISBN 978-89-7474-718-3 (세트)

이 도서의 국립중앙도서관 출판예정도서목록(CIP)은 서지정보유통지원시스템홈페이지(http://seoji.nl.go.kr)와
국가자료공동목록시스템(http://www.nl.go.kr/kolisnet)에서 이용하실 수 있습니다.(CIP제어번호: CIP2017008199)

Architect Academy by Steve Martin and Essi Kimpimäki
First published in the UK in 2017 by Ivy Kids at Ovest House 58 West Street, Brighton BN1 2RA, United Kingdom
Copyright © 2017 Ivy Kids, an imprint of Ivy Press Limited All rights reserved.
Korean translation rights arranged with Quarto Publishing Plc, for its Imprint The Ivy Press through Amo Agency, Korea.

이 책의 한국어판 저작권은 AMO 에이전시를 통해 저작권자와 독점 계약한 도서출판 풀빛에 있습니다.
신 저작권법에 의해 한국 내에서 보호를 받는 저작물이므로 무단 전재와 무단 복제를 금합니다.

*파본이나 잘못된 책은 구입하신 곳에서 바꿔드립니다.

제품명 아동 도서 | **제조년월** 2019년 2월 5일 | **사용연령** 8세 이상
제조자명 도서출판 풀빛 | **제조국명** 대한민국 | **전화번호** 02-363-5995
주소 서울 서대문구 북아현로 11가길 12 3층 (북아현동, 한일빌딩)
KC마크는 이 제품이 공통안전기준에 적합하였음을 의미합니다.

⚠ **주 의**
종이에 베이거나 긁히지
않도록 조심하세요.
책 모서리가 날카로우니
던지거나 떨어뜨리지 마세요.

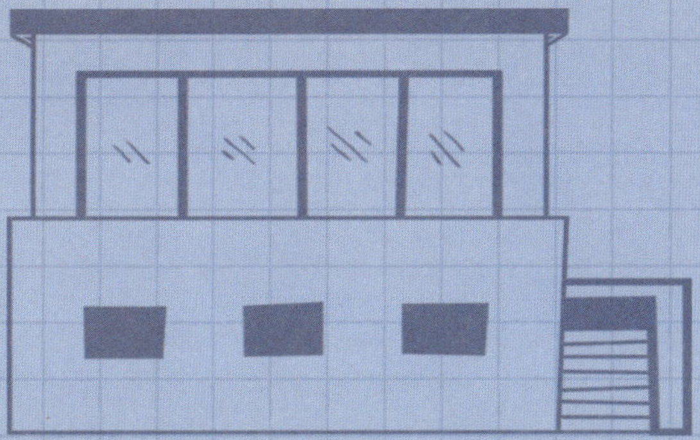

어린이 직업 아카데미 ①
건축가

스티브 마틴 글

에시 킴피메키 그림

이상훈 옮김

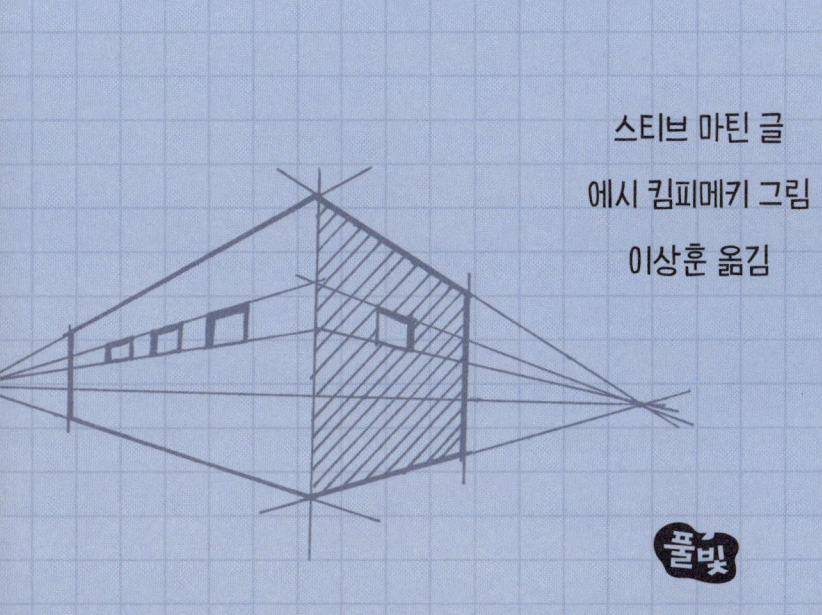
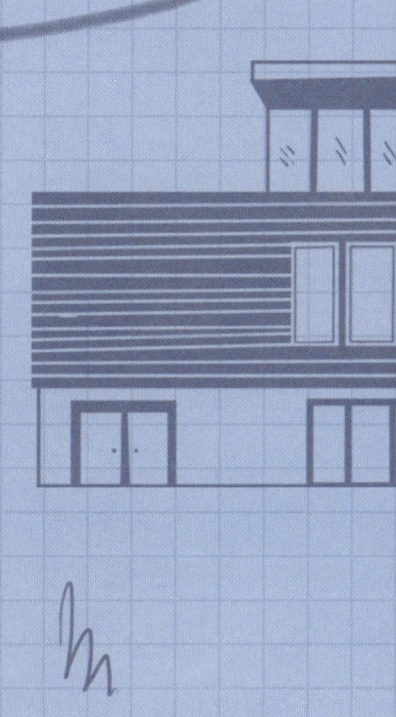

풀빛

차례

건축가 아카데미에 오신 걸 환영합니다! **6**

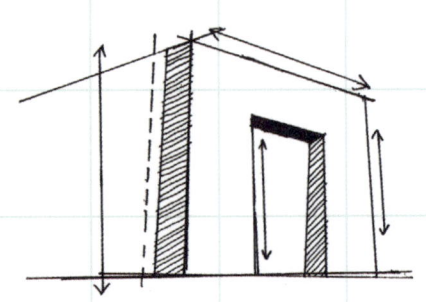

 세계 최고의 건축물

세계 6대 역사 건축물을 살펴볼까요? **8**
세계 6대 현대 건축물을 살펴볼까요? **10**

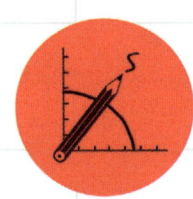 제도사 과정

무엇이 필요할까요? **12**
평면도가 뭘까요? **14**
건물 모형을 만들어요 **16**
우리 동네를 계획해요 **18**
축척을 이용해서 도면을 그려요 **20**

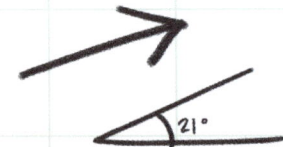

 건축에 필요한 수학

길이를 재요 **22**
면적과 둘레는요… **24**
피라미드를 만들어 볼까요? **26**

 건설 전문가 과정

건물 요소에는 무엇이 있을까요? **28**
누가 무슨 일을 할까요? **30**
건축 재료를 알아볼까요? **32**
기후에 알맞은 건물을 지어요 **34**
문제를 해결해요 **36**
문제를 직접 해결해 봐요 **38**

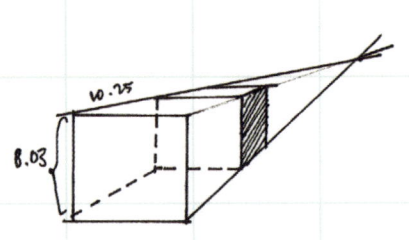

여러 가지 다양한 건물

내가 살고 싶은 집을 지어요 **40**
공공건물도 만들 수 있어요! **42**
다리를 만들어 볼까요? **44**
즐거운 사무실을 지어요 **46**
이런 건물도 있대요! **48**

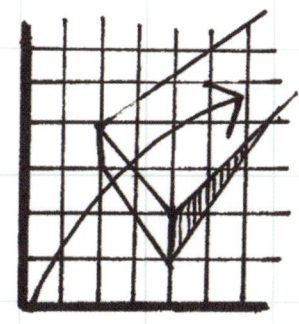

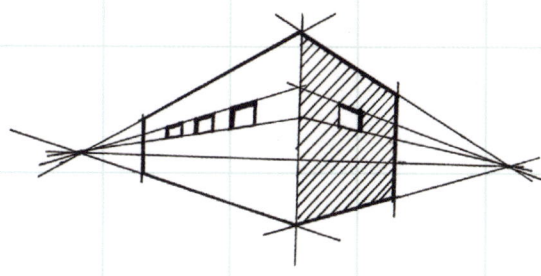

특수 건축가 과정

자연을 아껴요 **50**
정원을 꾸며요 **52**
공원을 직접 만들어 볼까요? **54**
배를 만드는 것도 건축이에요 **56**
보트를 만들어요 **58**
실내 디자인을 해요 **60**

부록

건물 딱지
게임말
스티커
건축의 역사 포스터
마을 꾸미기 게임
입체 다리 모형 만들기

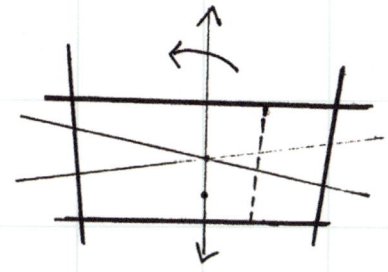

건축가 아카데미에 오신 걸 환영합니다!

건축가는 대단한 일을 해요. 집, 학교, 다리, 공장, 극장, 호텔, 도서관, 소방서, 기차역 등 많을 것을 디자인하지요. 등대나 축구 경기장도 만들어요. 우리가 상상할 수 있는 거의 모든 건물을 만드는 셈이에요. 그렇기 때문에 건축가는 멋지고, 튼튼하고, 안전한 건물을 설계할 줄 알아야 해요.

사람은 건물 안에서 살고, 배우고, 일하고, 놀기도 해요. 인생의 대부분을 보낸다고 해도 과언이 아니에요. 어디 그뿐인가요? 건물은 한 번 지어지면 몇 백 년을 그 자리에 서 있어야 할지도 몰라요! 짓는 데 수십억이 들지도 모르고요. 그런 만큼 건축가가 되려면 최고 수준의 훈련을 받아야 해요.

건축가 아카데미에서 이런 걸 배울 거예요.

* 유명한 건축물
* 창의적인 건물 디자인
* 건물을 짓는 방법
* 건물의 다양한 기능
* 건축가에게 필요한 수학
* 공원이나 배를 설계하는 방법

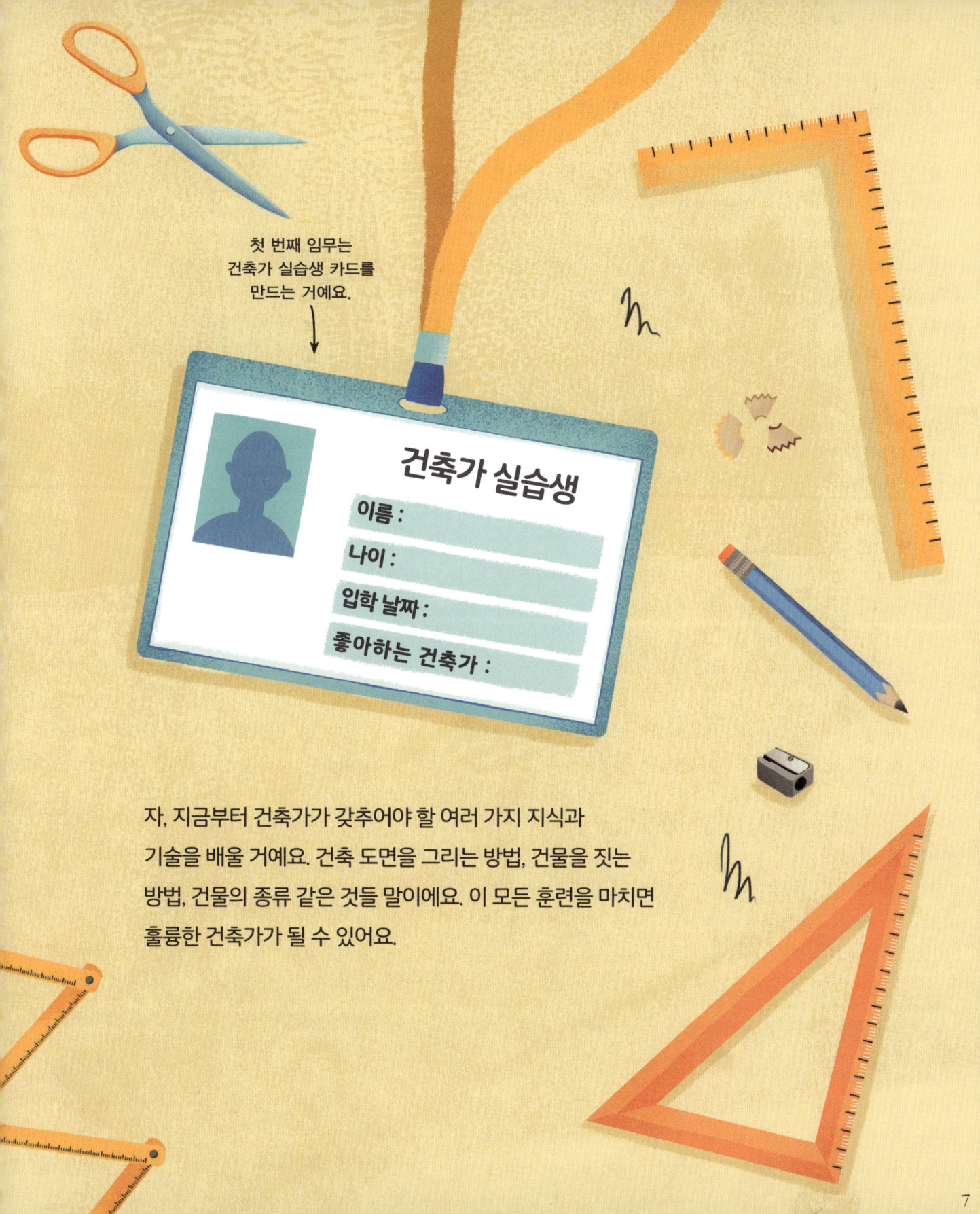

첫 번째 임무는
건축가 실습생 카드를
만드는 거예요.

건축가 실습생

이름 :

나이 :

입학 날짜 :

좋아하는 건축가 :

자, 지금부터 건축가가 갖추어야 할 여러 가지 지식과 기술을 배울 거예요. 건축 도면을 그리는 방법, 건물을 짓는 방법, 건물의 종류 같은 것들 말이에요. 이 모든 훈련을 마치면 훌륭한 건축가가 될 수 있어요.

세계 최고의 건축물

세계 6대 역사 건축물을 살펴볼까요?

유명한 건축물을 공부하는 것은 큰 의미가 있어요. 인류가 오랫동안 쌓아 온 훌륭한 건축 기술을 한눈에 볼 수 있으니까요. 인류는 지난 수천 년 동안 놀라운 건축물들을 만들었어요. 유럽, 아프리카, 아시아 그리고 아메리카 대륙에서 아주 오랫동안 자리하고 있지요. 이 건축물들은 마음만 먹으면 직접 가 볼 수도 있어요. 지금부터 역사적으로 의미 있는 6대 건축물을 만나 보아요.

어떤 건축물일까요?
유명한 건축물과 건축물을 설명하는 글이 있어요. 알맞은 설명을 찾아 동그라미 안에 숫자를 써 넣으세요.

바로 이렇게요.

1. 그리스 아테네에 있는 **파르테논 신전**이에요. 2천5백 년 전에 아테나 여신을 위해 지었어요. 46개의 기둥이 신전을 둘러싸고 있지요.

2. 이집트의 **기자 피라미드**예요. 지은 지 4천5백 년도 더 되었어요. 이중에서 가장 큰 피라미드는 2백3십만 개의 큰 돌로 만들었고, 무게는 6백만 톤이나 나가요.

3. 이탈리아 로마에 있는 **콜로세움**이에요. 로마 사람들이 1세기에 지었어요. 5만 명의 관중들이 검투사의 격렬한 대결을 보던 곳이에요. 3층으로 되어 있는데, 수십 개의 아치로 둘러싸여 있어요.

4. 인도 아그라에 있는 **타지마할**이에요. 17세기 무굴 제국의 황제가 죽은 왕비를 추모하기 위해 지었어요. 돔의 높이는 73m나 되지요. 2만여 명의 사람들이 20년이 넘도록 이 건물을 지었어요.

5. 터키 이스탄불에 있는 **하기아 소피아**예요. 6세기에 성당으로 지어졌어요. 건물 꼭대기에는 거대한 돔이 있고, 돔 아래는 40개의 창이 돔을 둘러싸고 있지요.

6. 멕시코의 치첸이트사는 마야 문명의 도시예요. 그중 가장 웅장한 건물은 **엘 카스티요**라고 불리는 피라미드예요. 4개의 면으로 이루어져 있고 각 면에는 91개의 계단이 있어요. 계단을 모두 더하면 365개가 되는데, 1년 날수에 맞게 지은 거예요.

문제를 다 풀었으면 정답을 확인하고, 스티커를 여기에 붙이세요.

스티커는 이곳에

정답 ▶ 3, 4, 1, 6, 2

임무 완수

세계 최고의 건축물

세계 6대 현대 건축물을 살펴볼까요?

87층, 310m나 되는 **샤드**는 2012년 런던에 만들어졌어요. 이탈리아 건축가 렌조 피아노가 설계했지요. 뾰족하게 생긴 모습은 교회 첨탑 모양에서 영감을 받았다고 해요.

시드니 오페라하우스는 덴마크의 예른 웃손이라는 건축가가 설계했어요. 시드니항 바로 옆에 위치한 오페라하우스는 1973년에 완성되었고, 호주에서 가장 유명한 건물이지요. 독특한 지붕은 배의 돛과 닮았어요.

스페인 바르셀로나에 있는 **성가족 성당**은 1882년부터 짓기 시작했지만 아직도 완성되지 않았어요. 무척 커서 한꺼번에 1만3천 명이나 들어갈 수 있어요. 스페인 건축가 안토니 가우디가 설계했어요.

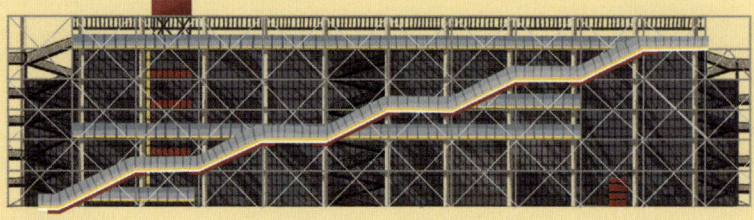

프랑스 파리에 있는 **퐁피두 센터**는 1977년에 문을 열었어요. 공상 과학 영화에서나 볼 듯한 이 건물은 본래 예술 전시장으로 지어졌지요. 렌조 피아노와 영국 건축가 리처드 로저스가 공동으로 설계했어요.

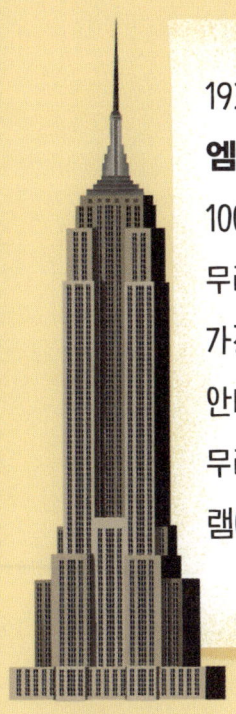

1931년에 완공된 미국 뉴욕의 **엠파이어 스테이트 빌딩**은 100층을 넘긴 최초의 건물이에요. 무려 40년 이상이나 세계에서 가장 높은 건물이었지요! 안테나까지 포함하면 무려 443m나 돼요. 윌리엄 F. 램이라는 건축가가 설계했어요.

새로운 엠파이어 스테이트 빌딩을 만들어 볼까요?

엠파이어 스테이트 빌딩의 아랫부분이 보이나요? 윗부분을 그려 넣어 전체를 완성해 보세요. 다만 조건이 있어요. 원래의 건물과는 완전히 다른 모습으로 만들어야 해요!

프랭크 로이드 라이트라는 미국 건축가가 설계한 뉴욕의 **구겐하임 미술관**은 1959년에 완공되었어요. 위로 올라갈수록 넓어지는 원통 모양인 이 건물은 마치 도시 한가운데 착륙한 우주선 같아요.

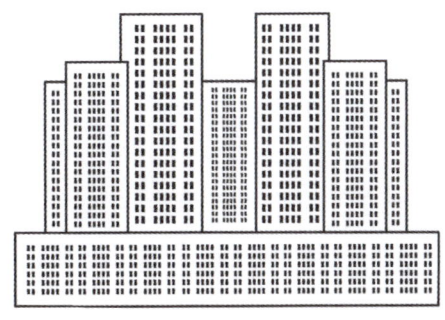

새로운 엠파이어 스테이트 빌딩을 다 설계했으면, 스티커를 여기에 붙이세요.

스티커는 이곳에

임무 완수

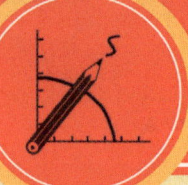

건축 제도사

무엇이 필요할까요?

건축 설계는 **'무엇이 필요하지?'** 라는 질문에서 시작해요. 건물을 짓는 데 드는 돈을 내는 사람을 건축주라고 해요. **건축주**는 건물을 지을 때 원하는 것을 정리해서 건축가에게 의뢰해요. 어느 영화배우가 새로운 집을 짓는다고 상상해 보세요. 무엇이 필요할까요?

- 빛이 많이 들어오는 커다란 유리창

- 큰 스크린이 있는 영화 감상실

- 이메일을 보내거나 영화 대본을 읽을 서재

- 차 두 대를 주차할 수 있는 주차장

- 가벼운 운동을 할 수 있는 체육관

- 친구들이 자주 와서 자고 가기 때문에 침실이 최소한 네 개 이상이어야 함

- 부엌과 식당은 붙어 있어야 함
  식당에는 친구들이 둘러앉을 수 있는 10인용 식탁이 있어야 함

- 영화 촬영으로 집을 비우는 일이 많기 때문에 정원은 작고 관리하기 편해야 함

- 잔디보다는 돌 같은 재료로 바닥을 포장해야 함

내가 집을 짓는다면…

내가 살 집을 짓는다면 어떤 것이 필요할지 써 보세요.
도움이 될 만한 몇 가지 질문을 줄게요.

- 현대적인 집과 전통적인 집 중 어느 집에 살고 싶나요?
- 단독 주택이 좋은가요, 아파트가 좋은가요?
- 방은 몇 개나 필요한가요?
- 놀이방, 영화 감상실, 실내 수영장 등이 필요한가요?
- 집 안에서는 어떻게 다닐까요? 복도, 계단, 엘리베이터 아니면 미끄럼틀이나 터널도 있는 게 좋을까요?
- 예쁜 옥상 정원이나 발코니도 필요할까요?
- 축구장이나 놀이터, 혹은 정원이 필요한가요?

무엇이 필요할지 다 적었으면, 스티커를 여기에 붙이세요.

스티커는 이곳에

임무 완수

건축 제도사

평면도가 뭘까요?

건축가가 건물을 표현하는 방법은 여러 가지가 있어요. 그중 하나는 평면도를 그리는 거예요. 평면도를 이용해서 건물 각 층에 있는 방과 문, 복도와 화장실의 위치와 넓이를 표현해요. 마치 지붕이 열리고, 위에서 안을 들여다 본 것처럼 말이에요.

어떤 아파트의 평면도예요. 도움말을 참고해서 평면도에 무엇이 있는지 알아볼까요?

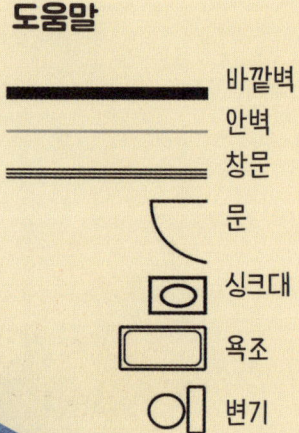

도움말
- 바깥벽
- 안벽
- 창문
- 문
- 싱크대
- 욕조
- 변기

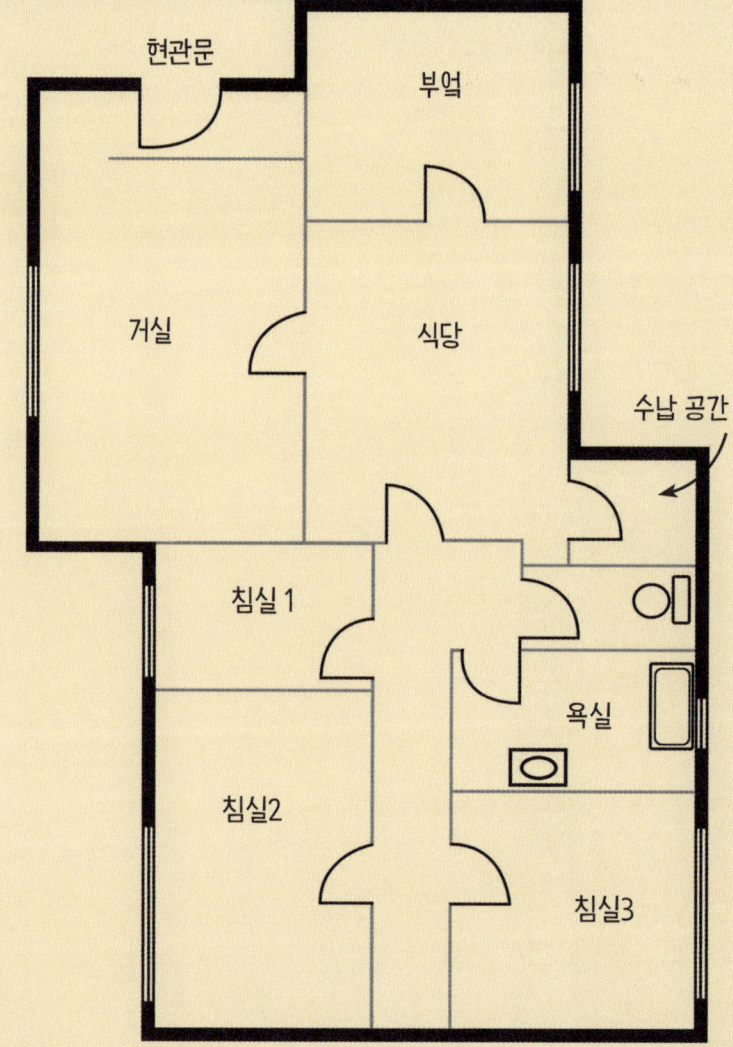

평면도 그리기

먼저 어디를 침실, 욕실, 거실, 부엌으로 할지 정해요. 왼쪽 도움말에 있는 기호를 이용해서 문과 변기, 욕조, 싱크대를 알맞은 위치에 그려 넣으세요.

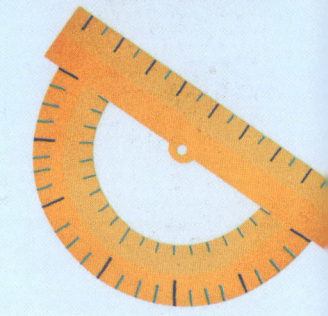

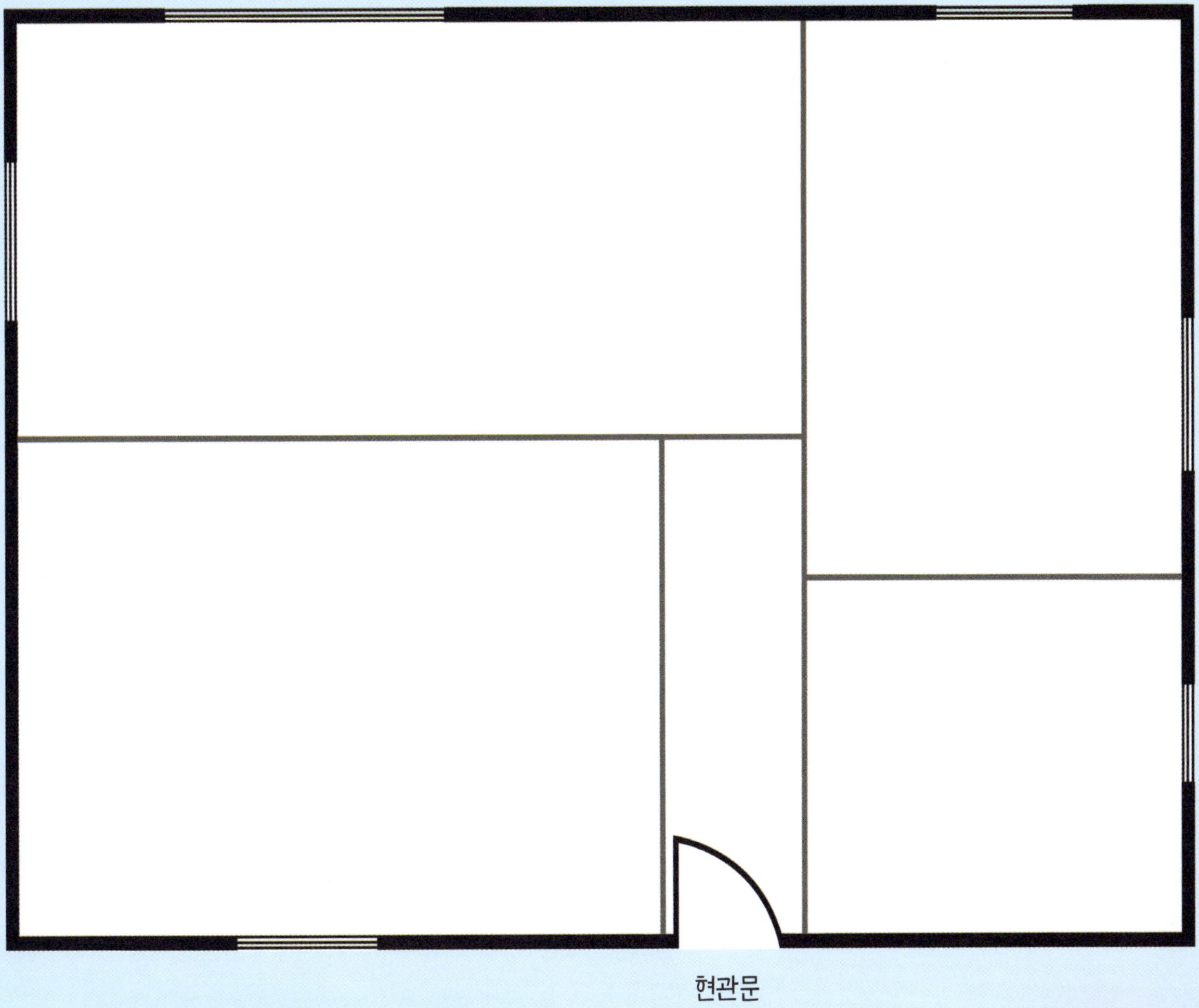

현관문

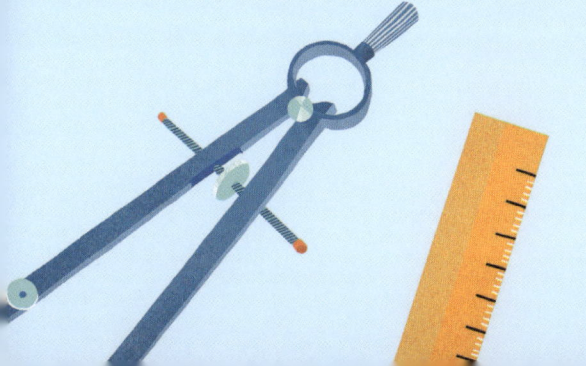

평면도를 다 그렸으면, 스티커를 여기에 붙이세요.

스티커는 이곳에

임무 완수

건축 제도사

건물 모형을 만들어요

건축가에게 꼭 필요한 능력 중 하나는 평면도를 보고, 건물 입체 모형을 만드는 거예요. 입체 건물 모형을 보면 건물이 실제로 지어졌을 때 어떤 모습일지 쉽게 알 수 있어요.

입체 건물 모형 만들기

준비물 : 두꺼운 종이, 가위, 자, 연필, 색연필, 풀 혹은 테이프

1. 두꺼운 종이를 길이 28cm, 너비 20cm로 잘라요.
2. 자를 이용해서 1cm 간격의 가로줄을 그어요.
3. 같은 방법으로 1cm 간격의 세로줄을 그어요.
4. 오른쪽에 있는 그림을 두꺼운 종이 위에 옮겨 그려요. 칸수를 세면 옮겨 그리는 데 도움이 돼요. 다 그린 후 색칠해요.
5. 바깥 줄을 따라서 모양을 오려요. 붉은 줄이 바깥 줄이에요.
6. 파란 줄을 따라서 접어요.
7. 노란색의 '붙임' 표시가 있는 부분을 풀이나 테이프를 이용해서 붙여요.

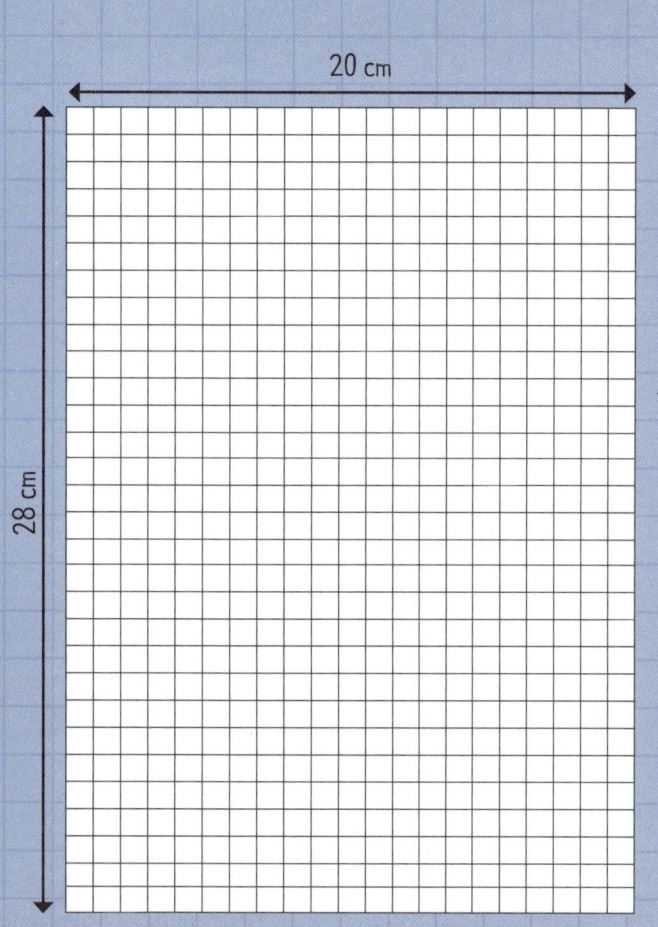

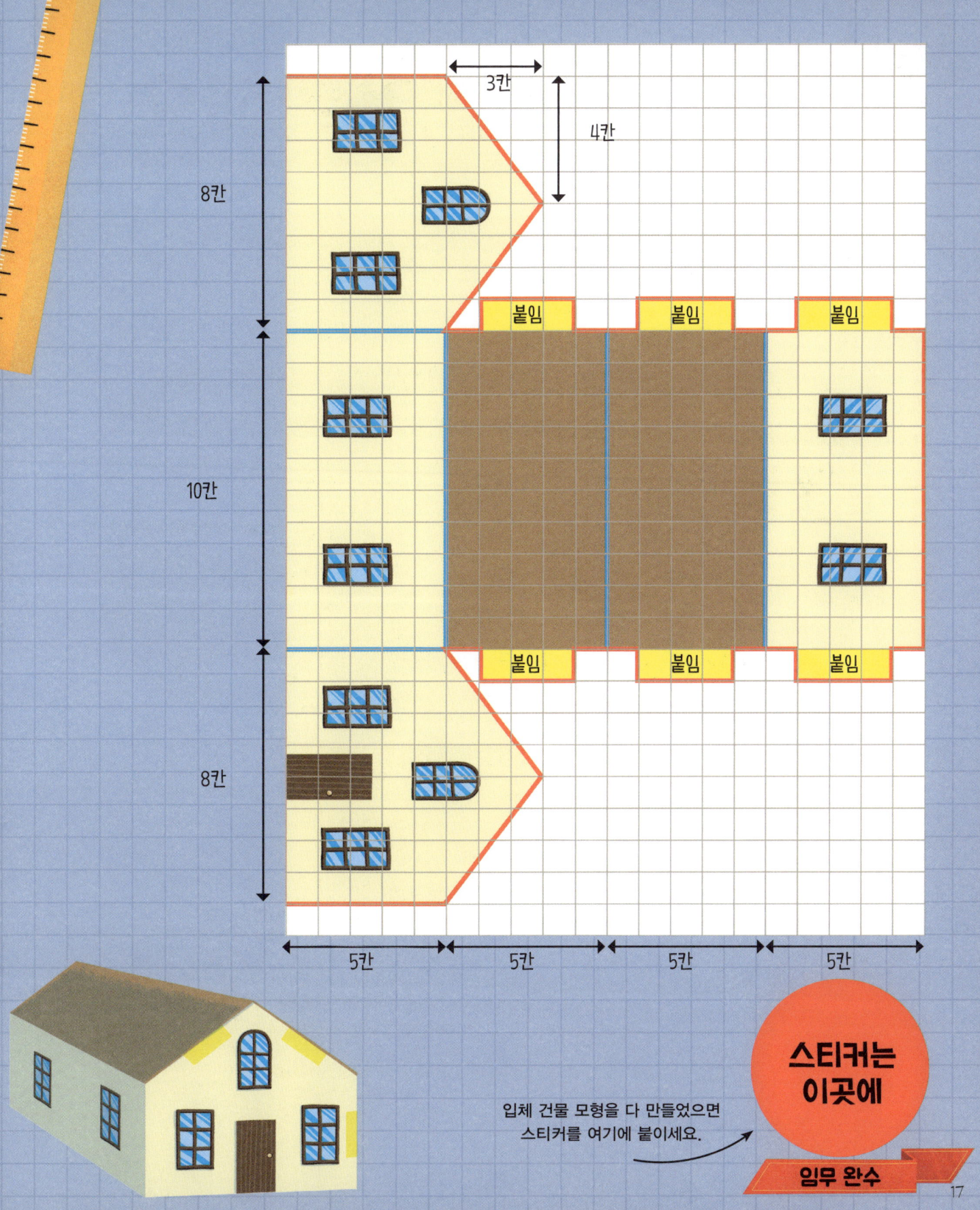

우리 동네를 계획해요

건축가는 동네 전체를 계획해야 할 때도 있어요. 비행기를 타고 하늘 위에서 우리 동네를 내려다본다고 상상해 보세요. 아마 아래 그림처럼 보일 거예요. 흰색 사각형은 집, 흰색 선은 길, 초록색 부분은 정원이에요.

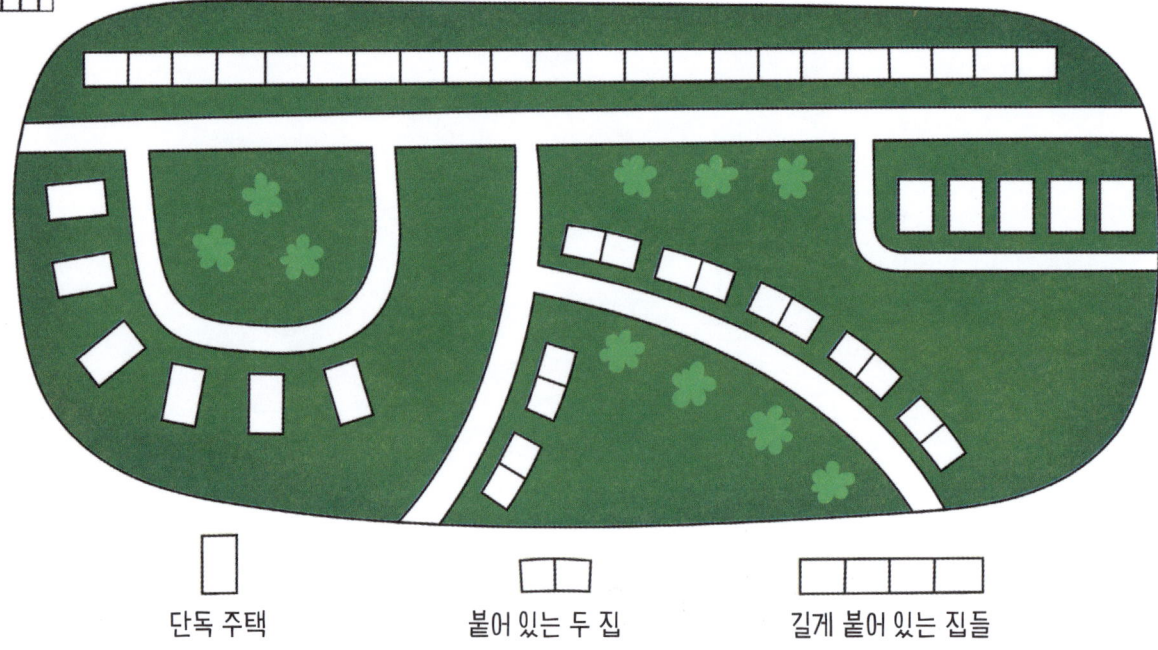

| 단독 주택 | 붙어 있는 두 집 | 길게 붙어 있는 집들 |

건축가가 동네를 계획하기 전에 고려해야 할 것들

- 정해진 공간에 되도록 많은 집을 지어야 해요.
- 쾌적해야 해요. 그래서 녹지나 공원뿐만 아니라 나무, 화단도 있어야 하지요.
- 모든 집은 길과 연결되어 있어야 해요. 그래야 사람들이 집에 쉽게 드나들 수 있겠지요?
- 대부분의 경우 건축가는 모양과 크기가 다양한 건물들을 섞어서 배치해요.

우리 동네 계획하기

아래에 있는 격자 칸에 단독 주택, 붙어 있는 두 집, 길게 붙어 있는 집들을 그려 넣어 멋진 동네를 만들어 보세요. 단독 주택은 2칸 길이에 1칸 너비이고, 붙어 있는 두 집과 연달아 서 있는 집들은 각각 1칸씩이에요.

일단 길을 하나 그려 놓았지만 원하면 더 그려 넣어도 좋아요. 모든 집은 길과 연결돼야 하는 걸 잊지 마세요.

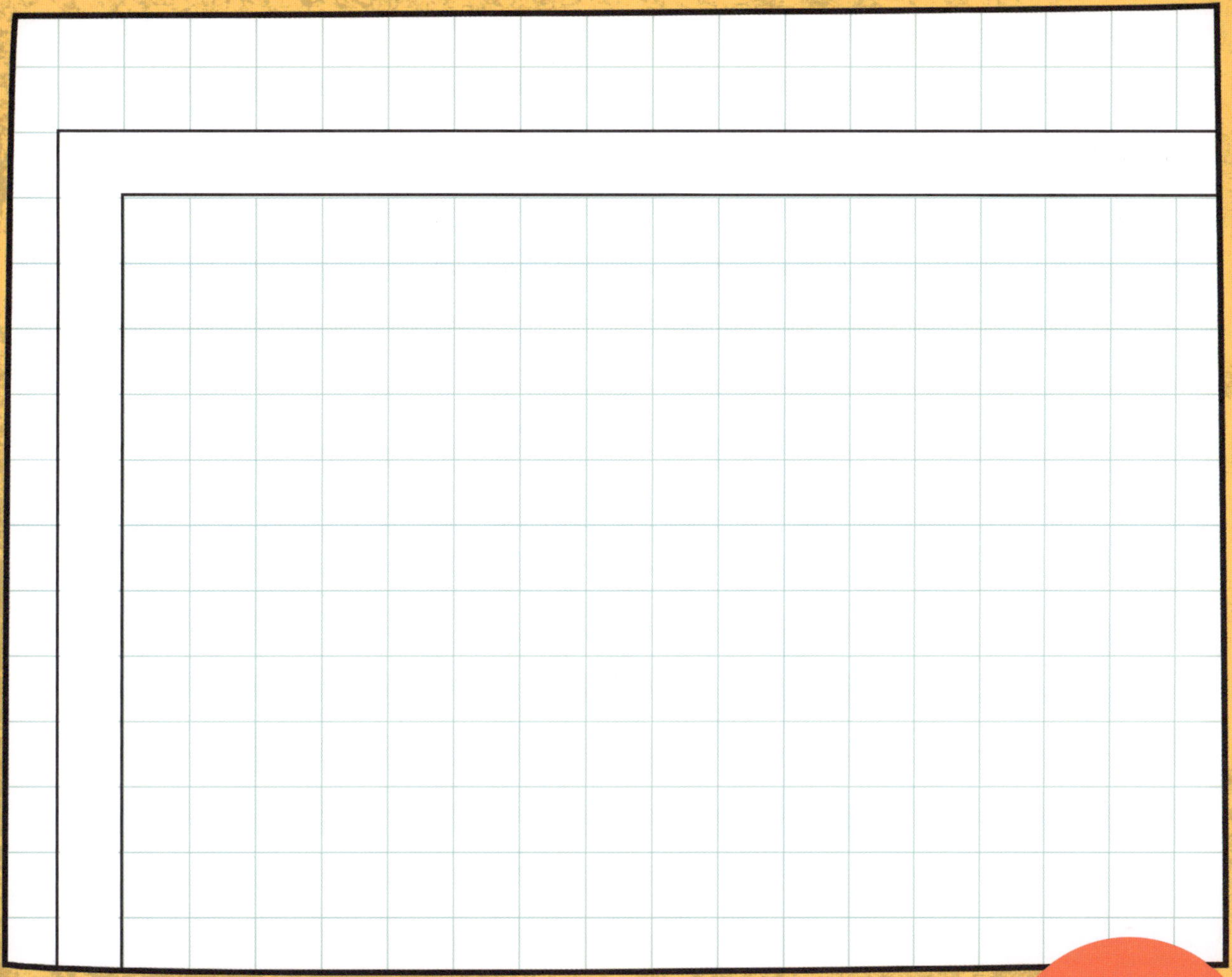

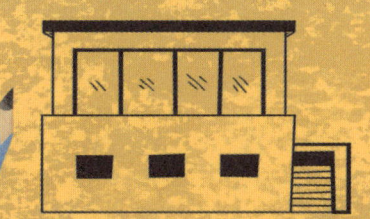

동네 계획을 마쳤으면, 스티커를 여기에 붙이세요.

스티커는 이곳에

임무 완수

축척을 이용해서 도면을 그려요

건축 제도사

건물을 실제 크기로 종이에 그릴 수 없기 때문에 축척이라는 방법을 써요. 축척을 이용해서 그림을 그리면 모든 길이가 같은 비율로 줄어들어요. 예를 들어, 건물의 모든 길이를 100분의 1로 줄여서 그리면 '1대100 축척'이라고 하고, 1:100 이라고 표현하지요.

축척을 이용해서 길이 재기

이 평면도는 축척을 이용해서 그렸고, 1칸은 5m예요. 만일 건물 길이가 20m라면, 이 평면도에서는 4칸이 되는 거지요. 왜냐하면 5×4=20이니까요. 빈칸에 정확한 실제 건물의 길이를 써 볼까요?

1. ___ m
2. ___ m
3. ___ m
4. ___ m
5. ___ m

스티커는 이곳에

길이를 다 쟀으면, 스티커를 여기에 붙이세요.

임무 완수

정답 ▶ 1-10, 2-45, 3-60, 4-15, 5-110

축하합니다! 제도사 훈련을 마쳤어요.

건축 제도사 자격증

이름 : _____

위 사람에게 건축 제도사 자격을 드립니다.
그동안의 노력에 감사드립니다.

이제 멋진 건축 제도사가 될 수 있습니다!

자격증 취득 날짜 : _____

건축에 필요한 수학

길이를 재요

건물에 들어가는 여러 요소의 길이와 크기를 정확하게 계산하려면 길이 재는 법을 잘 알아야 해요. 길이를 재려면 줄자가 꼭 필요하지요.

길이를 나타내는 단위는 밀리미터(mm), 센티미터(cm), 그리고 미터(m)예요.

문제를 풀어 볼까요?

1   ____ mm = 1cm   ____ cm = 1m

엄마나 친구에게 키를 재달라고 부탁하세요. 키를 아래에 적어 보세요.
아마도 여러분의 키는 1m와 2m 사이일 거예요.

2   내 키는 ____ m ____ cm이다.

이번에는 내 키를 재 준 사람의 키도 재 볼까요?

3   _____ 의 키는 ____ m ____ cm이다.

정답 ▶ 1-10, 100

동전 던지기

동전 던지기 게임을 하면서 어떻게 길이를 재는지 배울 거예요.

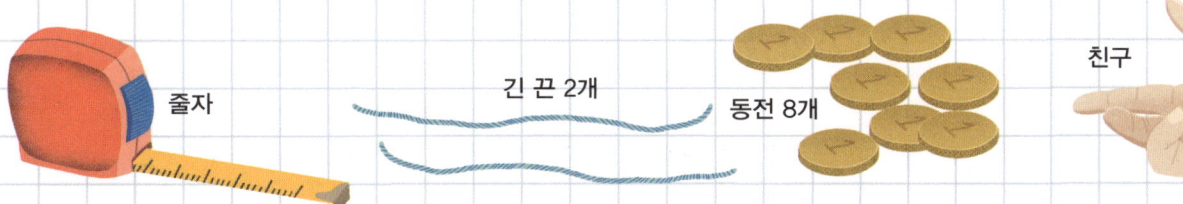

1. 두 개의 끈을 3m 간격으로 놓아요.
2. 한쪽 끈을 밟고 서서 동전을 다른 끈에 닿도록 던져요.
   - 동전이 다른 끈에 닿으면 '명중'을 외치고 10점을 얻어요.
   - 동전이 끈에 닿지 않으면 끈에서 얼마나 떨어져 있는지를 줄자로 재요.
   - 떨어진 거리가 20cm 미만이면 6점이에요.
   - 떨어진 거리가 20에서 40cm 사이면 4점이에요.
   - 떨어진 거리가 40에서 60cm 사이면 2점이에요.
3. 점수를 아래 표에 기록하세요.

던지기	1	2	3	4
건축가				
친구				

게임을 마쳤으면, 스티커를 여기에 붙이세요.

스티커는 이곳에

임무 완수

건축에 필요한 수학

면적과 둘레는요…

건축에서 면적과 둘레는 매우 중요해요. 건축의 기본이거든요. 면적은 넓이의 크기를 말해요. 카페트가 바닥에 깔려 있다고 상상해 보새요. 카페트가 깔린 만큼이 면적이에요. 둘레는 면적을 둘러 싼 길이를 더한 것이고요. 어렵다고요? 걱정 마세요. 로봇 건축가 해리가 쉽게 설명해 줄 거예요.

로봇 건축가 해리

오른쪽 칸들을 칠하면, 로봇 건축가인 해리를 만날 수 있어요.

아래 도움말을 보고, 작은 칸들을 칠해 보세요.

도움말

R = 붉은색
Y = 노란색
O = 주황색
B = 파란색
G = 회색

						B	B	B	B	B	
					B	Y	B	Y	B		
						B	B	B	B	B	
						B	G	G	G	B	
								B			
								B			
						B	B	B	B	B	
	O	G	G	G	B	R	R	B	G	G	O
	O	G	G	G	B	R	R	R	B	G	G	O
					B	R	R	R	B		
					B	R	R	R	B		
					B	R	R	R	B		
					B	R	R	R	B		
					B	B	B	B	B		
					G	G		G	G		
					G	G		G	G		
					G	G		G	G		
					G	G		G	G		
					G	G		G	G		
					G	G		G	G		
					O	O		O	O		

둘레

해리의 머리 가장자리를 세 보세요. 18이에요. 이 길이를 **둘레**라고 해요.

그럼 오른쪽에 있는 붉은 건물의 둘레는 얼마일까요? 해리 머리와 마찬가지로 18m예요.

면적

해리의 몸통을 세면 40칸이에요. 작은 칸들로 가득 찬 부분을 **면적**이라고 해요.

그럼 오른쪽에 있는 파란 건물의 앞면 면적은 얼마일까요?
해리 몸통과 마찬가지로 40칸이고, 넓이로는 40제곱미터예요. 40m² 라고 쓰지요.

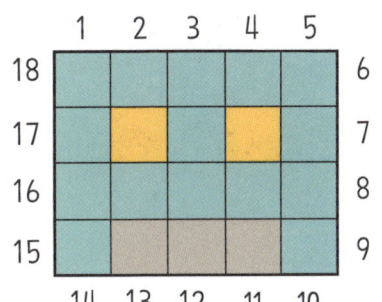

> 사각형의 면적은 가로 길이와 세로 길이를 곱하면 돼요. 따라서 내 머리의 면적은 5×4=20이지요.

해리를 다 칠했으면, 스티커를 여기에 붙이세요.

스티커는 이곳에

임무 완수

건축에 필요한 수학

피라미드를 만들어 볼까요?

이집트에 있는 피라미드에는 한 변이 230.4m나 되는 면이 4개나 있어요. 무척 크지요?

지금부터 피라미드를 만들어 볼 거예요. 4개의 삼각형이 붙어 있는 피라미드를 제대로 만들려면 정확히 재서 그리는 게 중요해요!

피라미드 만들기

준비물 : A3 크기의 두꺼운 종이, 자, 연필, 가위, 색연필, 테이프, 풀, 모래 (없어도 괜찮아요.)

1. 종이의 한가운데에 한 변의 길이가 8cm인 정사각형을 그려요. 모든 변을 정확히 같은 길이로 그려야 해요.

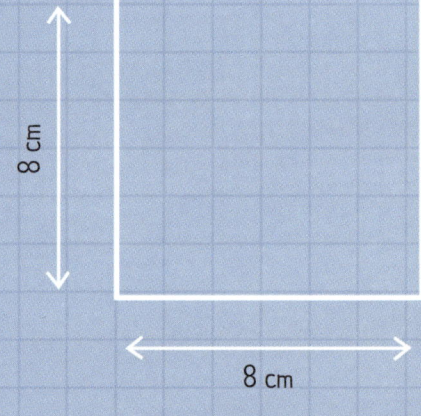

2. 한쪽 변의 중간을 재요. 그 점에서 직각으로 8cm 선을 그어요.

3. 새로 그은 8cm 선의 끝에서 정사각형의 양 끝까지 선을 그어요.

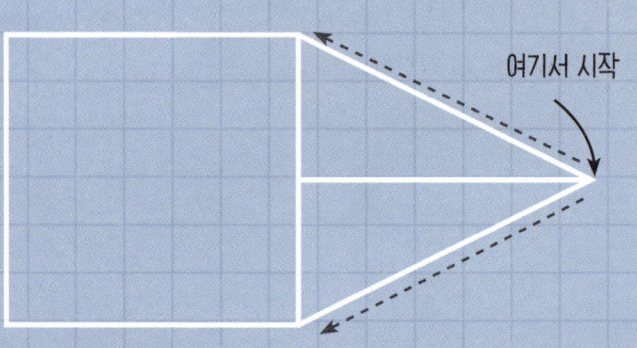

여기서 시작

4. 정사각형의 다른 세 변에도 똑같이 그려요. 반드시 변의 중간에서 직각의 선을 먼저 그려야 해요. 그래야 모든 삼각형의 높이가 같거든요.

5. 피라미드에 색을 칠해요. 선을 따라 모양을 자른 후 정사각형을 바닥에 놓고, 삼각형들을 위로 올려 접어요. 모양이 정확히 그려졌다면 삼각형들이 한 점에서 만날 거예요!

6. 삼각형들을 테이프로 고정시켜요.

7. 피라미드의 겉에 풀을 바르고 모래를 뿌려서 장식해요.

피라미드 모형을 다 만들었으면, 스티커를 여기에 붙이세요.

스티커는 이곳에

임무 완수

건설 전문가

건물 요소에는 무엇이 있을까요?

건물에는 각기 다른 역할을 하는 건물 요소가 있어요. 왼쪽과 오른쪽에 있는 집은 완전히 다른 모양이지만 건물 요소가 같아요. 한번 찾아볼까요?

지붕
- 날씨로부터 집 안을 보호함
- 단열, 즉 집 안의 열이 쉽게 빠져나가는 걸 막아줌

벽
- 내부 공간을 만듦
- 날씨로부터 집 안을 보호함
- 지붕을 받침

정면
- 건물의 앞모습
- 건물의 성격과 모양을 결정함

문
- 사람이 드나듦

창문
- 빛이 들어오게 함
- 신선한 공기를 통하게 함

알맞은 건물 요소 찾기

왼쪽 집에서 본 건물 요소를 찾아 빈칸에 알맞은 이름을 써 보세요.

아래 건물은 왼쪽에 있는 집과 모양이 완전히 다르지만 같은 건물 요소가 있어요.

1.
2.
3.
4.
5.

두 건물 모두 비스듬한 지붕이 있어요. 경사 지붕이라고도 해요. 왼쪽 집의 지붕은 갈대로 만들었고, 오른쪽 집의 지붕은 타일로 만들었어요.

지붕면은 왜 비스듬할까요?

① 새들이 지붕에 둥지를 트는 걸 막으려고
② 빗물이 자연스럽게 흘러내리게 하려고
③ 안정감 있어 보이려고

문제를 다 풀었으면, 스티커를 여기에 붙이세요.

스티커는 이곳에

임무 완수

정답 ▶ 1-지붕, 2-지붕, 3-정면, 4-벽, 5-문
지붕면은 왜 비스듬할까요? ②

건설
전문가

누가 무슨 일을 할까요?

건축가는 공사 현장을 방문해서 일이 어떻게 진행되고 있는지 확인해야 해요. 현장은 아주 정신없고 바쁜 곳이에요. 그래서 누가 무슨 일을 어떻게 하는지 미리 알아두는 게 좋아요. 그림을 보면서 누가 어떤 일을 하는지 알아볼까요?

지붕공
지붕 덮는 일을 함

전기 기술자
전기를 건물 안으로 들이고 건물 곳곳에 연결함

목수
목재를 다루며, 계단이나 창틀을 만듦

미장공
벽에 석회를 고르게 바름

건설 전문가

건축 재료를 알아볼까요?

건물을 만드는 재료는 엄청나게 많아요. 건축가는 이 모든 재료의 장단점을 잘 알아야 해요. 그래야 건물에 적합한 재료를 쓸 수 있거든요.

콘크리트
틀에 부어 다양한 모양을 만들 수 있어요.
굳으면 돌처럼 강해요.

벽돌
아주 튼튼하고, 여러 가지 모양으로
쌓아 올릴 수 있어요

목재
톱으로 쉽게 잘리고 쓸모가 많아요.
주로 창틀이나 문에 많이 쓰여요.

유리
빛을 잘 통과시키며 비나 바람으로부터
건물 안쪽을 보호해요.

지붕 타일
지붕으로 비가 들어오는 걸 막아 줘요.
나란히 놓는 게 아니라 약간 겹쳐서 놓아
물이 샐 틈이 없애요.

금속
강하고 튼튼한 건축 재료예요.

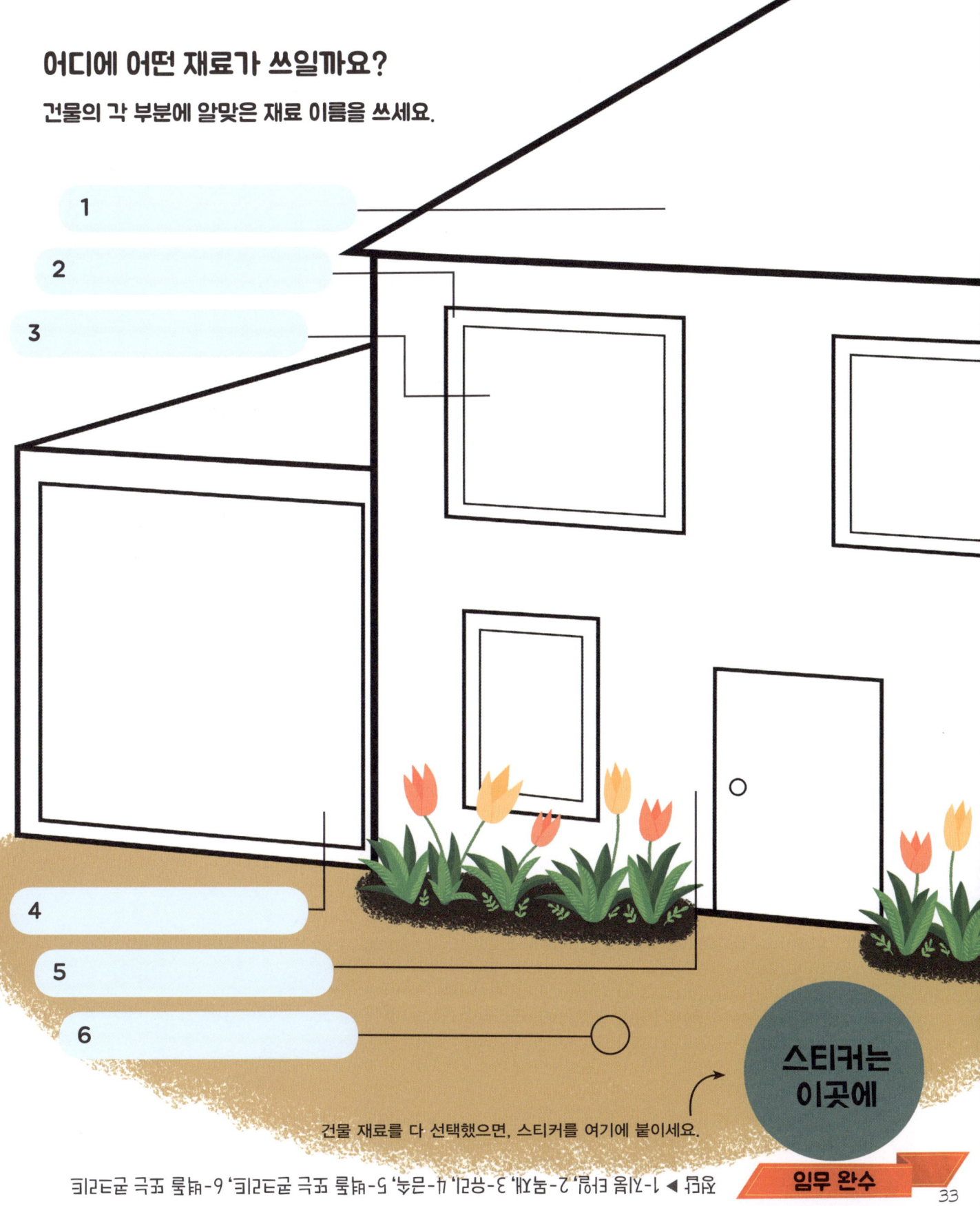

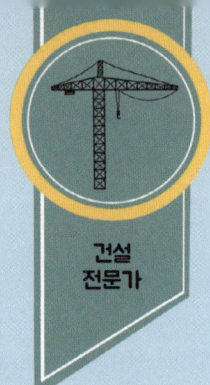

건설 전문가

기후에 알맞은 건물을 지어요

좋은 건축가는 날씨와 기후 그리고 장소에 알맞은 건물을 설계해야 해요.
그래야 사람들이 안락하고 쾌적하게 생활할 수 있거든요.

더운 기후의 집은 시원해야겠지요?
집을 시원하게 짓는 방법을 알려 줄게요.

- 벽은 흰색으로 칠해서 뜨거운 햇빛이 반사되도록 해요.
- 창문의 방향은 해를 바로 보지 않게 하여 햇빛이 덜 들어오게 해요.
- 벽이 두꺼울수록 실내가 시원해요.
- 나무와 베란다, 셔터 등을 이용하여 집 안으로 햇빛이 덜 들어오게 해요.

추운 기후의 집은 단열이 잘 되어야 해요. 따뜻한 공기는 주로 창문이나 지붕 그리고 문틈을 통해 빠져나가요. 틈을 막는 방법을 알려 줄게요.

- 창문은 유리 두 겹인 이중창을 써요.
- 지붕 아래쪽에는 두꺼운 재료를 덧대어 열이 빠져나가는 것을 막아요.
- 문 둘레에는 문풍지나 테이프를 붙여 찬바람이 들어오는 것을 막아요.
- 벽에는 단열재를 붙이거나 채워 넣어서 더운 공기가 빠져나가지 못하게 해요.

가장 좋은 단열재 찾기

은박지, 솜, 신문지, 양말 중에서 어떤 재료가 열을 가장 잘 보존하는지 실험해 볼까요?

준비물 : 크기와 모양이 같은 유리잔 4개, 은박지, 솜, 신문지, 양말, 따뜻한 물, 고무줄 4개, 온도계

1. 유리잔 4개를 각각 다른 재료로 싸요. 재료의 일부가 유리잔 위로 많이 올라오게 해요.
2. 따뜻한 물을 유리잔에 부어요.
3. 유리잔 위로 넉넉히 올라온 재료로 잔의 윗부분을 덮고 고무줄로 잘 고정시켜요.
4. 유리잔을 나란히 놓고 30분을 기다린 후 덮었던 윗부분을 열어요.
5. 온도계로 모든 유리잔 안에 있는 물의 온도를 재요.
6. 온도를 아래 표에 적어요. 온도가 높을수록 단열이 잘 됐다는 뜻이에요. 어떤 재료의 단열 성능이 가장 좋은가요?

각각의 재료가 유리잔을 덮을 수 있을 정도로 넉넉히 올라오게 하는 것을 잊지 마세요.

재료	30분 후의 온도
은박지	
솜	
신문지	
양말	

실험을 다 마쳤으면, 스티커를 여기에 붙이세요.

스티커는 이곳에

임무 완수

정답 ▶ 나와 있는 답은 다시 안쪽으로 뒤집어서 대공에 온도가 가장 높은 양말이 최고의 단열재예요.

건설 전문가

문제를 해결해요

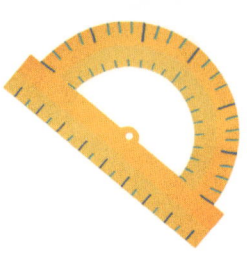

건축을 할 때 문제가 생기면 건축가는 반드시 그 문제를 해결해야 해요. 건축을 하다 보면 정말 뜻밖의 문제를 만날 때가 있어요.

예를 들면, 홍콩에서는 차가 길의 왼쪽으로 다니지만, 중국에서는 오른쪽으로 다녀요. 홍콩과 중국을 연결하는 다리를 설계하는 건축가에게는 아주 골치 아픈 문제였지요. 다리를 건너면서 서로 반대편에서 오는 차와 충돌하지 않으려면 어떻게 해야 할까요?

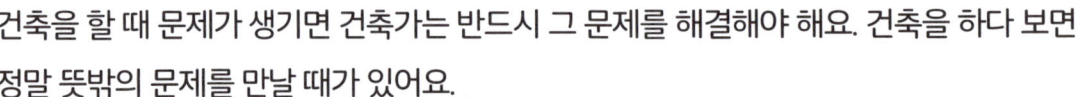

이 황당하고 어려운 문제는 건축가가 그 유명한 꽈배기 모양의 다리를 설계하면서 해결되었어요. 영리한 디자인 덕분에 홍콩과 중국 모두 상대방의 길로 안전하게 넘어가게 되었지요.

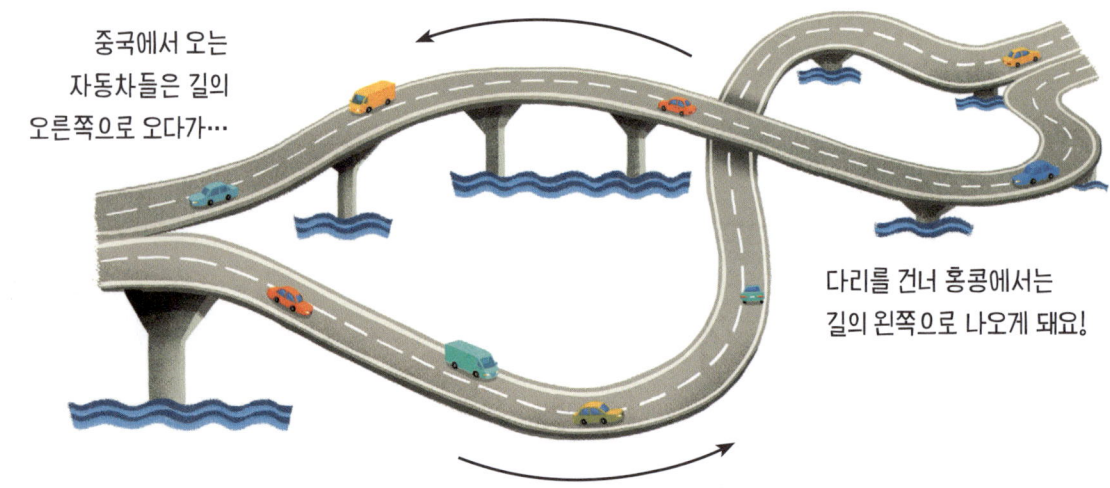

중국에서 오는 자동차들은 길의 오른쪽으로 오다가…

다리를 건너 홍콩에서는 길의 왼쪽으로 나오게 돼요!

일본의 도쿄와 미국의 로스엔젤리스 등 세계의 큰 도시들 중 몇몇은 지진 위험 지역이에요.
건축가는 이곳에 건물을 지을 때 지진이 일어나도 건물이 무너지지 않도록 내진 설계를 해야 해요.
아래의 그림으로 내진 설계의 원리를 알아볼까요?

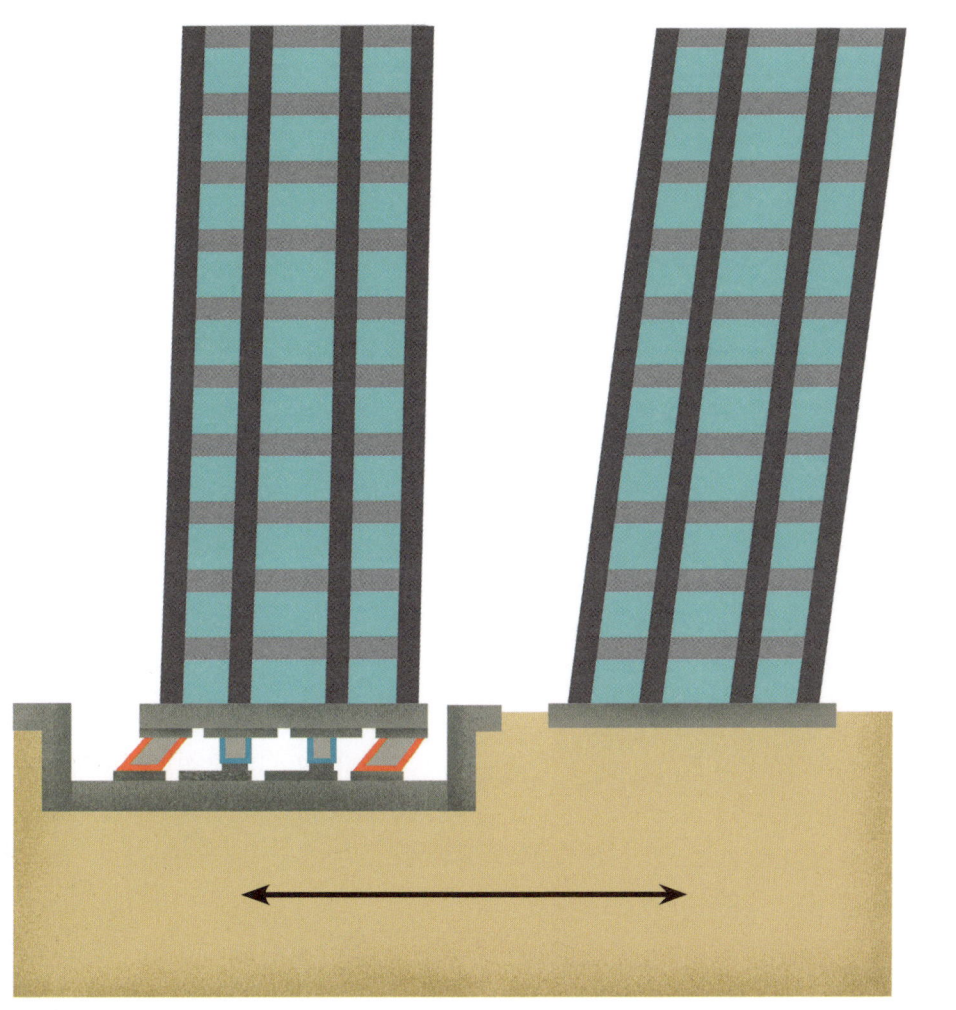

왼쪽에 있는 건물은 거대한 용수철 같은 '충격 흡수재' 위에 서 있어요. 지진이 생겨 땅이 막 흔들릴 때 충격 흡수재는 땅과 같이 움직여 건물이 흔들리는 것을 막아 줘요.
그리고 벽돌이나 돌을 쌓아 만든 건물보다는 철로 뼈대를 만든 건물이 더 가볍고 튼튼해서 지진이 났을 때 안전해요.

건축 정보

문제를 직접 해결해 봐요

자, 이제 여러분이 직접 문제를 해결할 차례예요.

오른쪽에 방 다섯 개를 그릴 거예요. 아래 목록에 있는 방 다섯 개를 그려 보세요.
각각의 방은 목록에 있는 크기보다 작으면 안 돼요. 큰 건 괜찮아요.
공간을 멋지게 잘 구성하는 최선의 방법은 무엇일까요?
부엌은 미리 그려 놓았어요. 행운을 빌어요!

준비물 : 연필, 자, 지우개

* **각 방의 최소 크기**
  - 부엌 - 길이 7칸, 폭 4칸
  - 거실 - 길이 12칸, 폭 6칸
  - 욕실 - 길이 4칸, 폭 4칸
  - 첫 번째 침실 - 길이 9칸, 폭 6칸
  - 두 번째 침실 - 길이 7칸, 폭 5칸

* **복도가 있어야 각 방을 드나들 수 있다는 것을 잊지 마세요!**

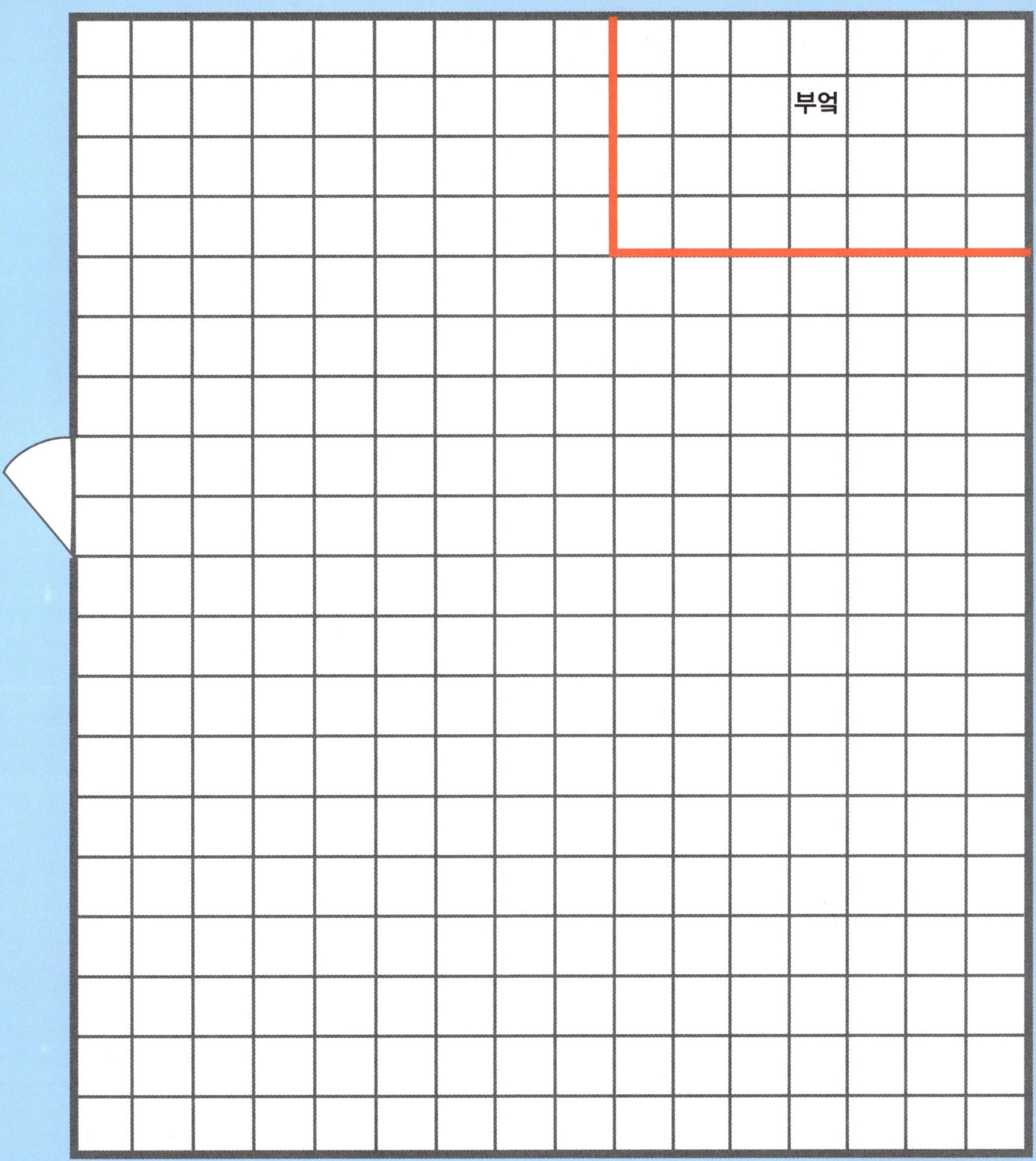

부엌

스티커는
이곳에

완성했으면, 스티커를 여기에 붙이세요.

임무 완수

여러 가지 다양한 건물

내가 살고 싶은 집을 지어요

세상에는 다양한 크기와 모양을 가진 수천, 수만 개의 집이 있고, 새로운 집이 계속 지어지고 있어요. 몇 가지 대표적인 집들을 만나 볼까요?

방갈로
한 층밖에 없어서 계단을 오르내릴 필요가 없어요. 그래서 나이가 많은 어른들에게 인기가 좋아요.

아파트
좁은 공간에 많은 사람들이 살 수 있게 지었어요. 전 세계의 많은 도시에서 흔히 볼 수 있지요.

수상 가옥
강가나 호숫가에 있고, 수면보다 높아서 홍수에 안전해요.

이글루
자연 재료인 얼음을 이용했기 때문에 빨리 지을 수 있어요. 두꺼운 얼음벽은 북극의 차가운 바람으로부터 실내를 보호해요.

게르
짧은 시간에 분해하고 다른 곳에서 다시 빨리 지을 수 있어요. 이곳저곳에 집을 옮기며 사는 몽골의 유목민들에게 아주 편리해요.

배 집
배처럼 물 위에 떠 있는 집이에요. 물 위에 살고 싶은 사람들에게 인기가 많아요.

나무 위의 집 설계하기

나무 위에 집을 짓는다면 어떨까요? 그것도 13층으로요. 여러분도 13층 나무집을 지을 수 있어요! 원하는 대로 자유롭게 설계해 보세요.

나무 위 집을 완성했으면, 스티커를 여기에 붙이세요.

스티커는 이곳에

임무 완수

여러 가지 다양한 건물

공공건물도 만들 수 있어요!

건축가들은 집만 설계하는 게 아니에요. 많은 사람들이 행복하게 지낼 수 있는 공공건물도 설계하죠. 바로 이런 거 말이에요.

- 병원과 보건소
- 소방서와 경찰서
- 체육관과 경기장
- 역, 공항, 버스 터미널
- 마트, 백화점, 가게들
- 극장, 도서관, 박물관, 놀이공원
- 호텔과 레스토랑
- 공장과 사무실들
- 그리고 학교를 빼놓을 순 없겠지요?

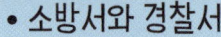

운동장 디자인하기

학교에 새로운 운동장이 필요하다고 상상해 보세요. 새로운 운동장에 무엇이 필요할까요? 미끄럼틀, 그네, 요새, 나무 위 집이 필요할 수도 있겠네요. 원하는 대로 운동장을 디자인해 보세요.

새로운 운동장을 디자인했으면, 스티커를 여기에 붙이세요.

스티커는 이곳에

임무 완수

여러 가지 다양한 건물

다리를 만들어 볼까요?

다리는 실용적일 뿐만 아니라 아름다워야 해요. 어떤 다리는 세계에서 가장 사랑받는 건축물 중에 하나이지요. 다리는 튼튼하고 안전하게 만들어야 해요. 그 위를 매일 지나다니는 무거운 차량이나 심한 돌풍도 견뎌야 하니까요. 여러 가지 모양의 다리를 소개할게요.

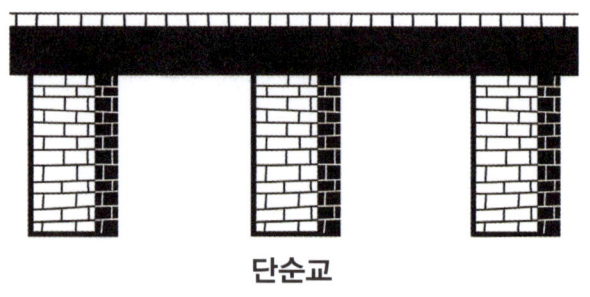

단순교

위 판이 두 개의 기둥 사이에 놓여 있는 단순한 형태여서 단순교라고 해요. 위 판에는 차가 지나다니지요. 미국 루이지애나 주에 있는 폰차트레인 호수를 건너는 코즈웨이 단순교는 무려 37km나 된다고 해요!

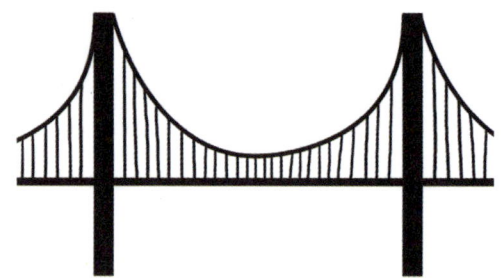

현수교

아주 높은 두 타워 사이에 굵은 줄을 늘어뜨리고, 다시 그 아래에 수직으로 줄을 내려 차가 다니는 위 판을 고정시킨 다리예요. 미국 샌프란시스코에 있는 금문교가 가장 유명한 현수교이지요.

아치교

큰 아치에서 내린 굵은 줄에 차가 다니는 위 판을 고정시킨 다리예요. 호주 시드니에 있는 아치교가 아주 유명해요.

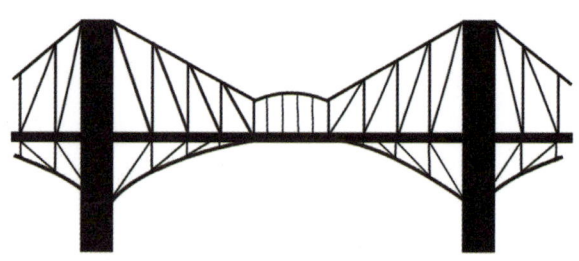

캔틸레버교

스코틀랜드에 있는 포스 다리가 유명한 캔틸레버교예요. 다이빙대처럼 한쪽 끝은 고정되어 있고 다른 쪽 끝은 받쳐지지 않은 구조예요.

튼튼하고 멋진 다리를 만들기

이 책의 날개에 입체 다리 모형 만들기가 있어요. 순서를 읽고 입체 다리 모형을 만들어 보세요.

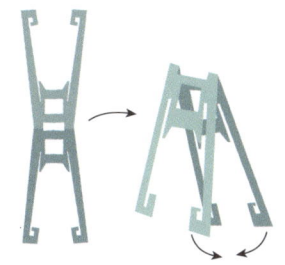

1. 모든 재료를 조심스럽게 뜯어요. 타워 두 개는 반으로 접어요.

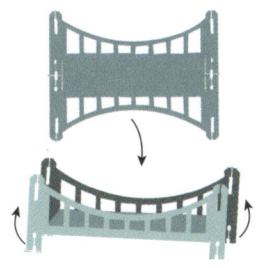

2. 다리의 몸통 부분을 위쪽으로 접어 올려요.

3. 접어 올린 몸통의 아랫부분을 타워의 아랫부분에 끼워요.

4. 타워의 윗부분을 다리의 몸통 윗부분에 끼워 넣어요.

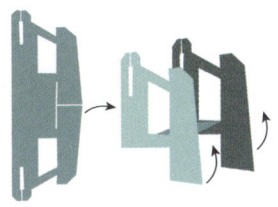

5. 양끝 지지대 부분을 접어요.

6. 지지대 부분을 타워에 끼워 넣어요.

다리를 만들었으면, 스티커를 여기에 붙이세요.

스티커는 이곳에

임무 완수

즐거운 사무실을 지어요

여러 가지 다양한 건물

사무실은 지루하다고 생각하는 사람이 많을 거예요. 하지만 꼭 그런 것은 아니에요. 매일 수억 명의 사람이 전 세계 곳곳의 비슷한 사무실에서 일하고 있지만, 그중에서 어떤 사무실은 아주 멋지고 특별하지요.

아마 가장 유명한 곳은 미국 버지니아에 있는 펜타곤일 거예요. 미국 국방부 건물이지요. 1만5천 명의 사람이 2년 넘게 밤낮을 가리지 않고 일해서 1942년에 완공됐어요.

아래의 숫자를 보면 여러분도 정말 대단한 건물이라고 생각할 거예요.

- 매일 약 2만3천 명의 사람이 펜타곤에서 일해요.
- 건물의 바닥 면적을 더하면 50만 m² 가 넘어요.
- 복도의 길이가 무려 28km나 되고 계단이 131개나 있지만, 아주 영리하게 설계되었기 때문에 어느 한 곳에서 어디를 가든 걸어서 7분 이상 걸리지 않아요.
- 화장실은 284개가 있고요,
- 16개의 주차장에 모두 8,770대의 차를 주차할 수 있지요.
- 전등은 16,250개나 있고,
- 창문은 7,750개가 있지요.

펜타곤을 설계할 때 건축가들은 아마 아주 정신없이 바빴을 거예요. 이 건물을 만들기 위해서 2,500장 이상의 설계 도면을 그렸으니까요.

펜타곤이라는 이름은 건물의 모양에서 나왔어요. 오각형을 영어로 펜타곤이라고 하거든요. 건물이 오각형 모양으로 지어졌기 때문에 펜타곤이지요. 더 놀라운 건 건물의 모양이 오각형이기도 하지만, 위에서 내려 보면 안에서부터 5개의 오각형이 겹겹이 연결되어 있다는 거예요.

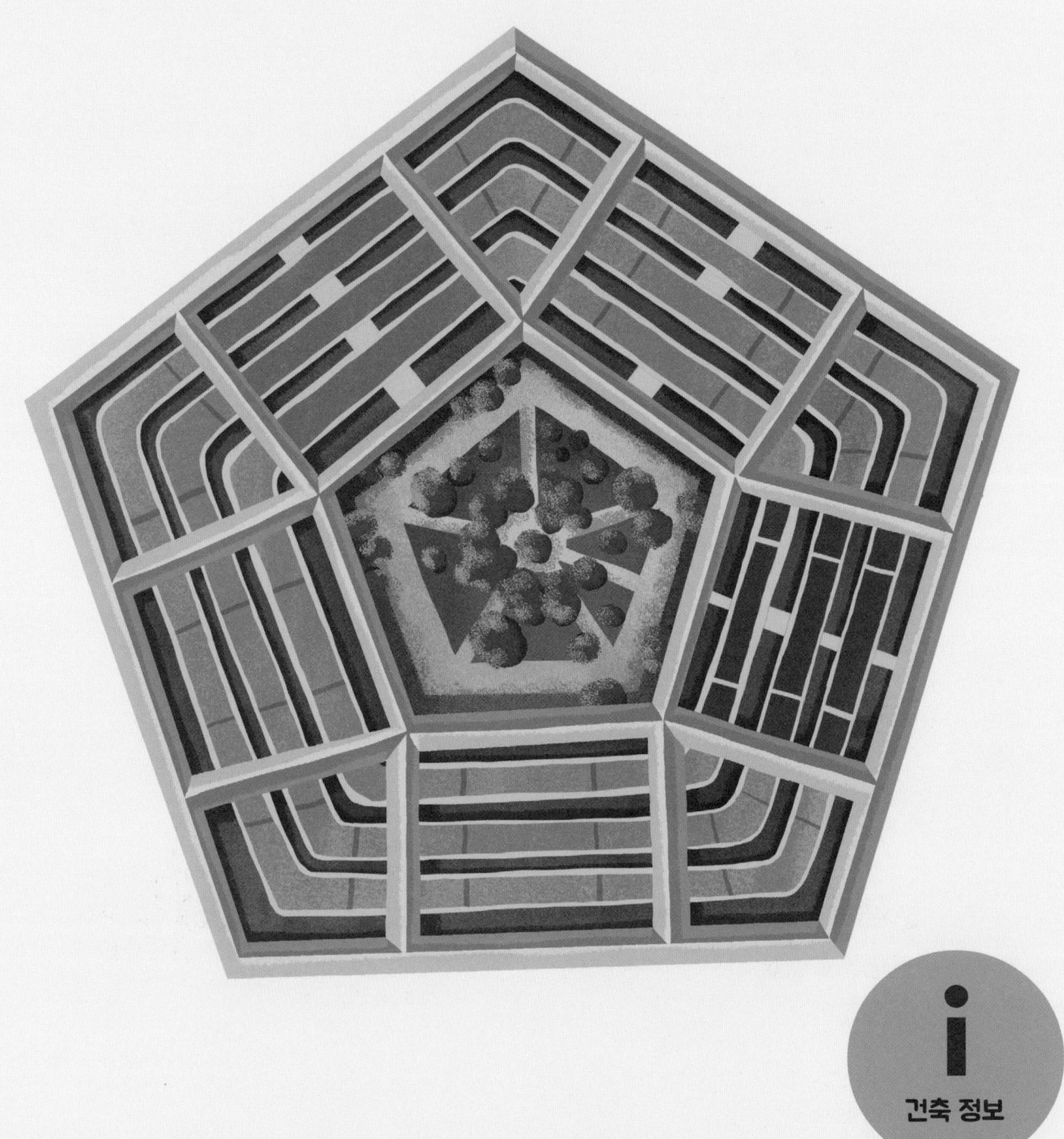

건축 정보

여러 가지 다양한 건물

이런 건물도 있대요!

건축가는 집이나 학교에서부터 극장이나 도서관까지 모든 종류의 건물을 설계해요. 때로는 상상력을 마음껏 발휘하기도 하지요. 아주 특별하고 창의적인 건물을 한번 만나 볼까요?

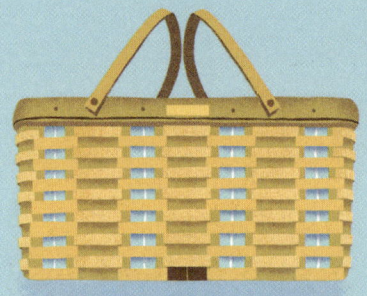

바구니 모양을 한 이 놀라운 건물은 미국의 롱거버거 바구니 회사의 본사예요.

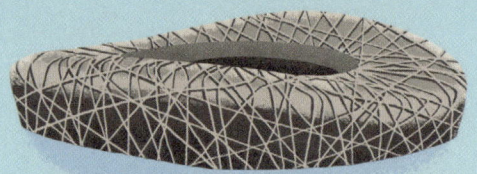

중국 베이징에 있는 국립 경기장이에요. 이 건물의 별명이 왜 '새둥지'인지 한눈에 알겠지요?

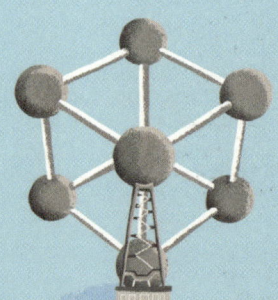

벨기에 브뤼셀에 있는 아토미움은 철의 분자 구조 모양을 본떠서 만들었다고 해요. 분자 구조와 차이점이 있다면 실제보다 1,650억 배 크다는 거예요!

누가 들었다가 거꾸로 떨어뜨린 것 같은 모양을 하고 있는 원더웍스 건물은 미국 테네시주에 있어요.

폴란드에 있는 이 구불구불 건물은 쇼핑 센터의 일부라네요.

6m 높이의 책들로 주차장을 가린 캔자스 시립 도서관도 아주 기묘하고 멋진 건물이에요.

축하합니다! 건설 전문가 훈련을 마쳤어요.

특수 건축가

자연을 아껴요
— 친환경 건축 —

친환경 건축가는 화학 물질이 포함되지 않은 친환경 재료를 이용하여 건물을 지어요.
다 쓰고 버려진 자동차 타이어 같은 재활용 재료를 이용해서 집을 짓기도 하지요.

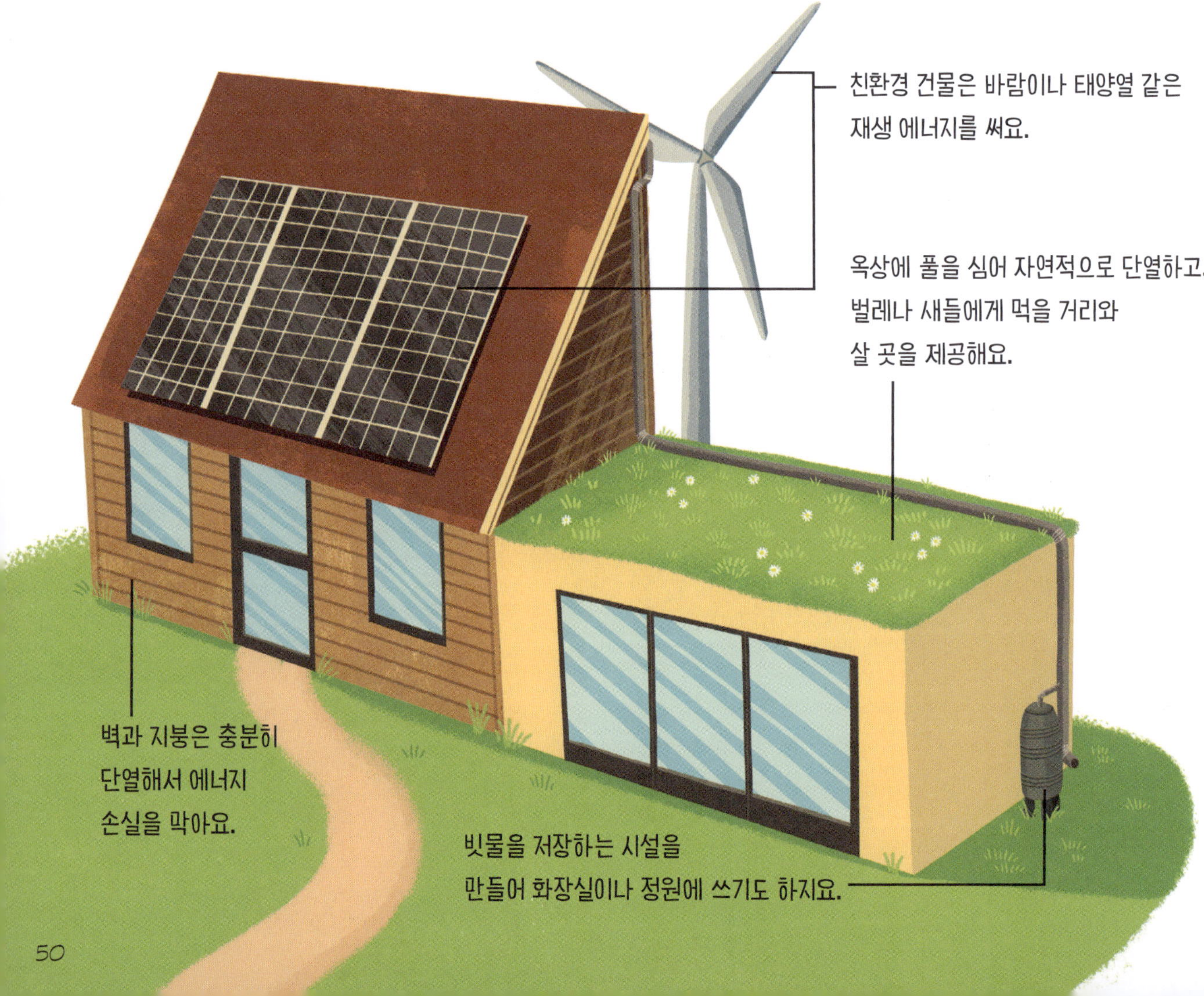

친환경 건물은 바람이나 태양열 같은 재생 에너지를 써요.

옥상에 풀을 심어 자연적으로 단열하고, 벌레나 새들에게 먹을 거리와 살 곳을 제공해요.

벽과 지붕은 충분히 단열해서 에너지 손실을 막아요.

빗물을 저장하는 시설을 만들어 화장실이나 정원에 쓰기도 하지요.

에너지 절약 게임
에너지를 가장 많이 아끼는 사람이 이기는 거예요!

준비물 : 주사위, 말, 같이 놀 친구

1. 친구와 번갈아가며 주사위를 던져 나온 숫자대로 말을 움직여요.
2. 붉은 동그라미에 멈췄다면 너무 많은 에너지를 썼으니 4칸 뒤로 후퇴해요. 초록 동그라미에 멈췄다면, 에너지를 많이 아꼈으니 앞으로 4칸 전진해요. 끝에 먼저 도착하는 사람이 이기는 거예요.

출발 / 1 / 2 / 3 비닐봉지를 쓰지 않는다. / 4 / 5 / 6 TV 전원을 완전히 끄지 않는다. / 7 / 8 / 9 종이는 재활용한다. / 10 / 11 이를 닦을 때 물을 계속 틀어 놓는다. / 12 / 13 / 14 방을 나갈 때 불을 끄지 않는다. / 15 / 16 / 17 학교에 걸어서 간다. / 18 / 19 / 20 / 21 / 도착

게임을 하고, 스티커를 여기에 붙이세요.

스티커는 이곳에

임무 완수

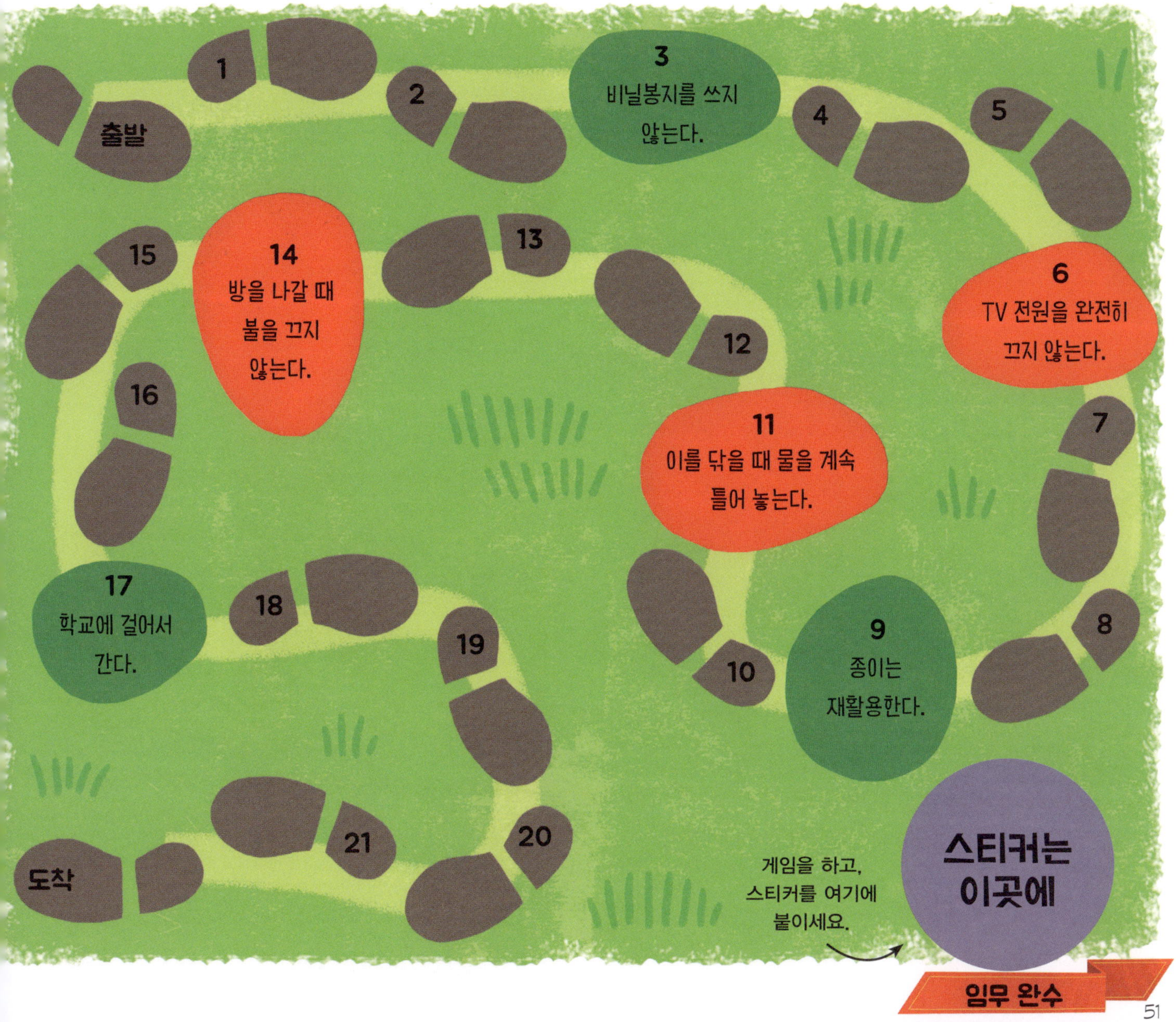

특수 건축가

정원을 꾸며요

조경 설계가는 공원과 정원 등 다양한 외부 공간을 디자인해요. 외부 공간을 매력적으로 꾸미면 사람들이 더 즐거운 마음으로 거닐 수 있지요. 뿐만 아니라 자연을 가까이에서 느낄 수도 있어요.

단정한 정원
단정한 정원에서는 직선이나 재미있는 패턴을 많이 볼 수 있어요. 잘 정리된 나무 울타리나 오솔길, 꽃밭이 있지요. 동상, 분수 또는 잘 다듬어진 나무도 볼 수 있어요.

공원
공원은 넓고 푸른 바깥 공간이에요. 모든 사람들이 좋아할 만큼 매력적이지요. 공원에는 놀이 공간, 스케이트장, 카페 호수와 같은 편안히 쉴 수 있는 공간이 있어요. 생태 탐험도 할 수 있지요.

바닷가 해변 공간
온 식구가 바닷가에 놀러 가면 온종일 할 것도 참 많지요? 해변을 따라 걸을 수 있는 산책로와 어린이들을 위한 수영장, 미니 골프 코스, 오락실, 보트를 탈 수 있는 호수, 아이스크림 가판대 등이 있어요.

미로에서 길 찾기

울타리 덤불 미로는 이리 꼬이고 저리 꼬여서 사람들을 혼란스럽게 해요. 출입구에서 미로 가운데까지 찾아가 볼까요?

미로의 길을 다 찾았으면, 스티커를 여기에 붙이세요.

스티커는 이곳에

임무 완수

특수 건축가

공원을 직접 만들어 볼까요?

훌륭한 조경 설계가가 되기 위한 연습

오른쪽 빈 공간을 멋진 공원으로 변신시켜 주세요. 공원 설계를 시작하기 전에 공원에 어떤 것들이 필요할지 잘 생각해 보세요. 아래에 있는 것들을 이용해도 좋지만, 여러분이 상상하는 재미있는 것을 넣어도 좋아요.

공원 의자

호수

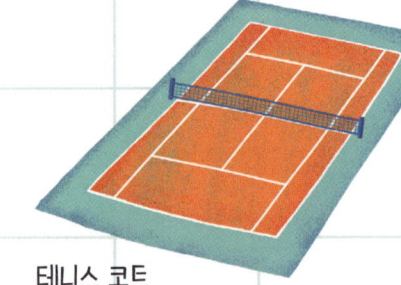
테니스 코트

놀이터

자전거 도로

분수

나무와 덤불

아이스크림 가게

꽃밭

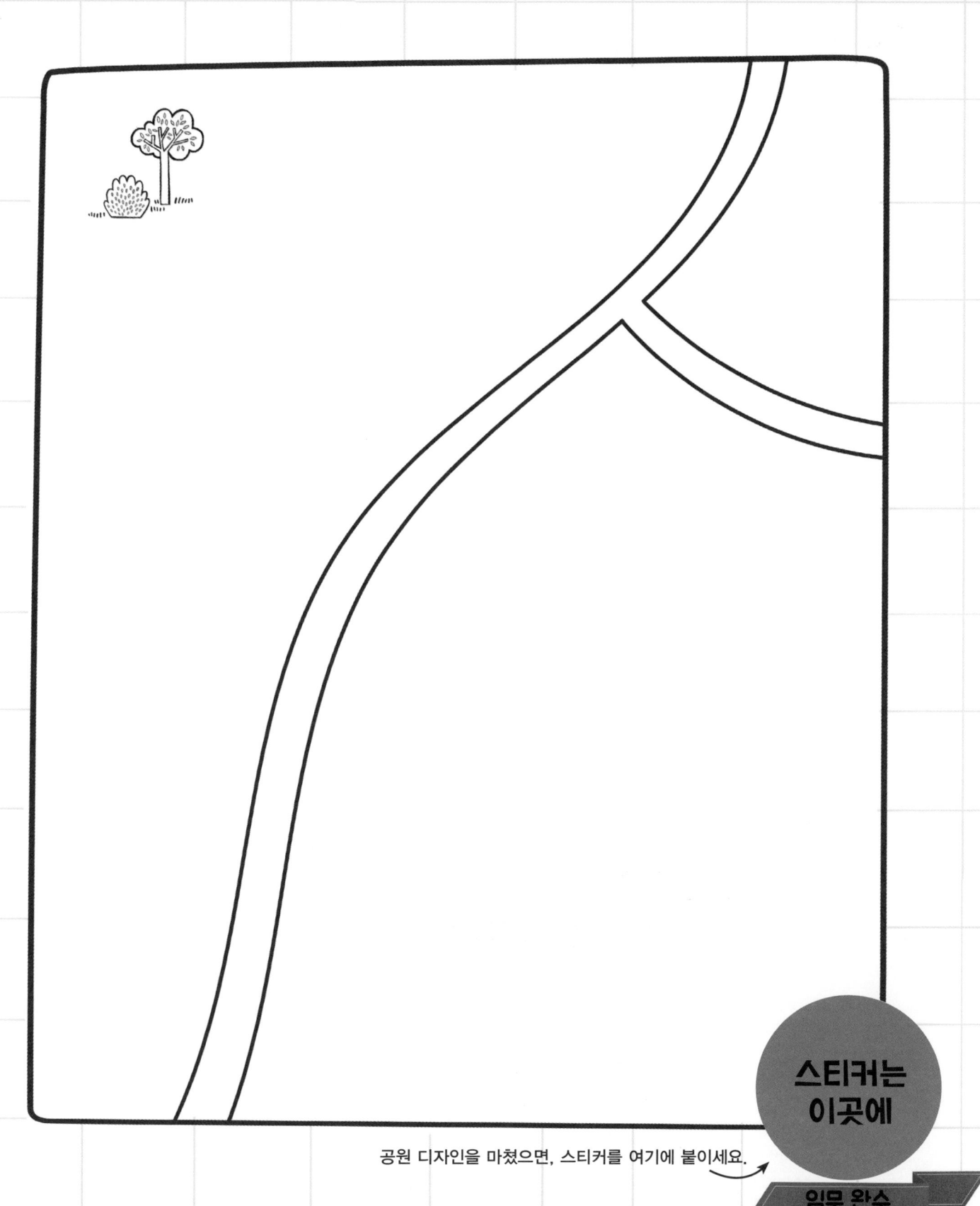

공원 디자인을 마쳤으면, 스티커를 여기에 붙이세요.

특수 건축가

배를 만드는 것도 건축이에요

선박 건축가는 잠수함부터 호화 유람선까지 모든 종류의 배를 디자인해요. 어떤 배든지 큰 폭풍우 속에서도 안정적으로 떠 있어야 하기 때문에 배를 설계할 때는 안전이 가장 중요하지요. 배는 종류와 쓰임새에 따라 종류가 다양해요.

카페리
승객도 타고 자동차도 실을 수 있는 배예요. 배의 한쪽이 열리고 닫혀서 차가 배에 쉽게 오르내릴 수 있지요.

어선
생선을 잡을 때 쓰는 배예요. 생선이 그물에 가득 차면 밧줄을 이용해서 끌어올려요.

호버크라프트
배 아래쪽에 큰 공기 주머니가 있어서 물 위를 미끄러지듯 달릴 수 있어요.

어떤 배일까요?

부록에 있는 배 스티커를 설명에 맞는 그림 위에 붙여 보세요.

호화 유람선
수백 개의 객실과 레스토랑, 극장 그리고 수영장도 있어요. 멋진 휴가를 보내기에 아주 좋지요!

컨테이너선
많은 짐을 실은 컨테이너를 넓고 평평한 갑판에 가득 쌓고 바다를 항해해요.

항공 모함
어마어마하게 넓고 평평한 갑판이 있는 배예요. 갑판 위로는 비행기들이 이착륙을 할 수 있어요.

잠수함
물의 압력을 잘 견디고 원통형으로 생겨서 깊은 물속을 마음껏 다닐 수 있어요.

선박을 모두 찾았으면, 스티커를 여기에 붙이세요.

스티커는 이곳에

임무 완수

57

특수 건축가

보트를 만들어요

보트를 설계할 때는 물 위에서 옆으로 쓰러지거나 가라앉지 않게 하는 게 중요해요. 어떤 모양의 보트가 더 안정적이고 강한지 직접 실험해 볼까요?

보트 만들기

준비물 : 은박지 여러 장, 물을 넣은 크고 넓은 통, 10원짜리 동전 한 움큼

1. 은박지로 4가지 보트를 만들어요.

오른쪽에 있는 그림을 참고해도 좋고, 여러분 마음대로 만들어도 좋아요.

2. 넓은 통에 물을 넣고 보트를 띄워요.

그 안에 10원짜리 동전을 보트가 가라앉을 때까지 하나씩 넣어요.

3. 동전을 몇 개 넣었을 때 보트가 가라앉았는지 써요.

동전 수가 많을수록 안정적이고 강한 보트예요. 어떤 보트인가요?

보트1

보트2

보트3

보트4

	보트 1	보트 2	보트 3	보트 4
동전의 개수				

보트 실험을 마쳤으면, 스티커를 여기에 붙이세요.

스티커는 이곳에

임무 완수

특수 건축가

실내를 디자인해요

실내 디자이너는 집, 가게, 호텔, 레스토랑, 사무실 등 거의 모든 건물의 내부를 디자인해요. 가구나 바닥 스타일을 정하고 커튼이나 이불보의 색깔과 재료도 결정하지요. 때로는 각 방에 어울리는 특별한 주제를 생각해서 색상과 문양을 결정하기도 해요.

주제에 맞는 물건 고르기

오른쪽에 있는 침실들은 각각 디자인 주제가 있어요. 방의 주제와 딱 맞는 물건을 골라 보세요.

1. 
2. 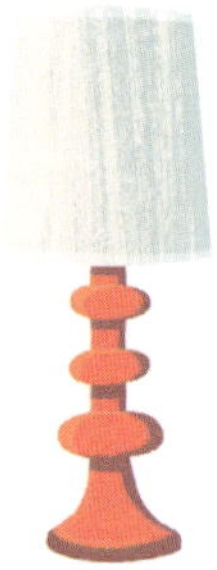
3. 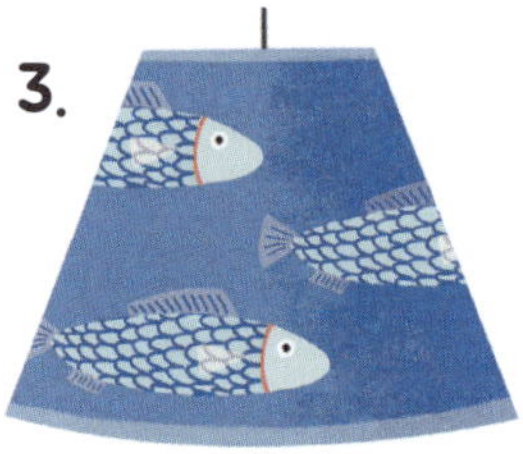
4. 
5. 
6. 
7. 
8. 
9.

여기에 정답을 쓰세요.

가

- - - - -

- - - - -

- - - - -

나

- - - - -

- - - - -

- - - - -

다

- - - - -

- - - - -

- - - - -

침실의 주제에 맞는 물건을 모두 골랐으면, 스티커를 여기에 붙이세요.

스티커는 이곳에

임무 완수

정답 ▶ 침실 가-3, 4, 8 침실 나-1, 6, 7 침실 다-2, 5, 9

축하합니다! 특수 건축가 훈련을 마쳤어요.

특수 건축가 자격증

이름 : ---------------------

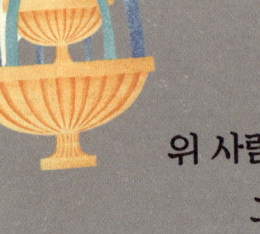

위 사람에게 특수 건축가 자격을 드립니다.
그동안의 노력에 감사드립니다.

이제 멋진 특수 건축가가 될 수 있습니다!

자격증 취득 날짜 :

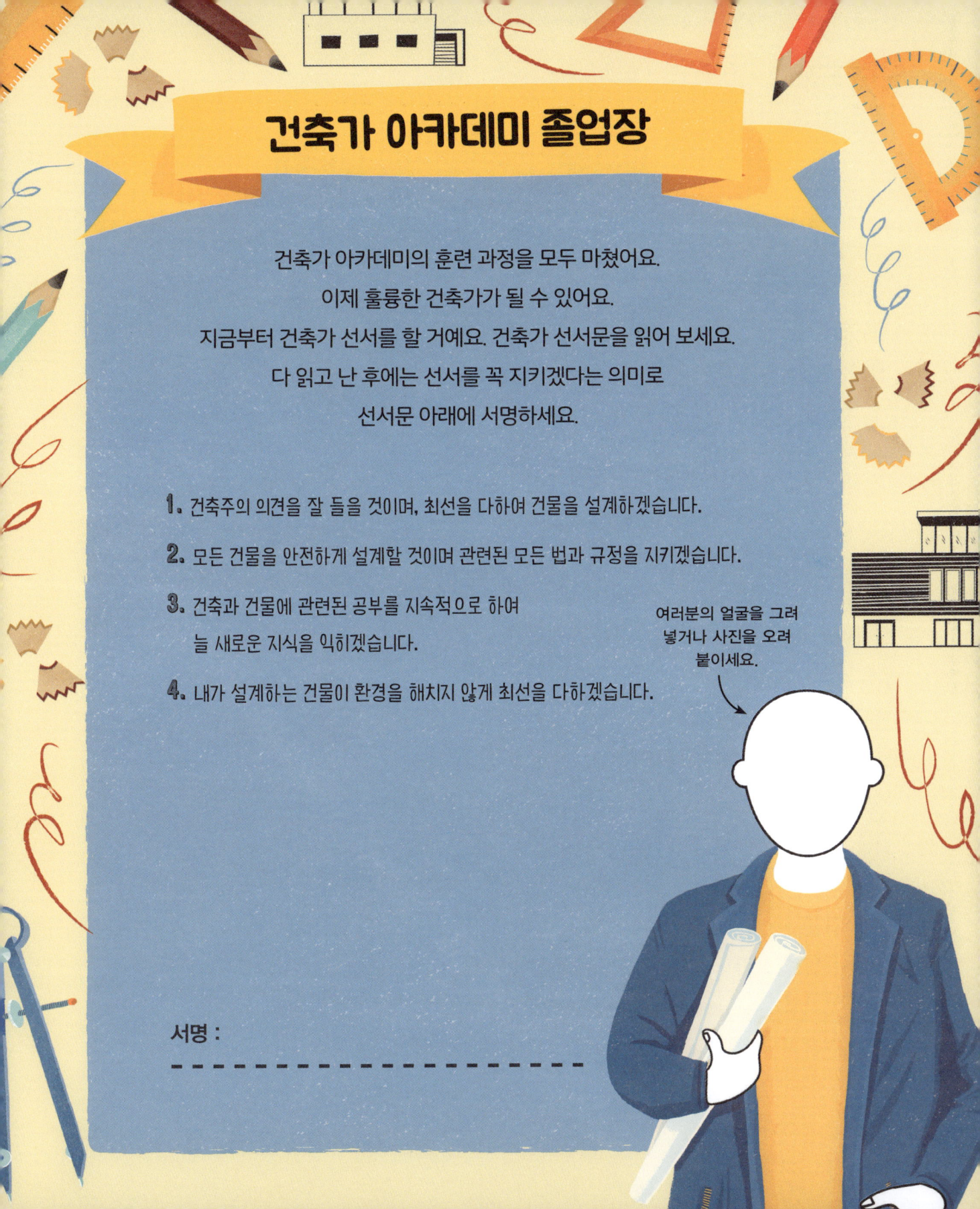

부록

* 스티커
* 건축의 역사 포스터
* 마을 꾸미기 게임
* 입체 다리 모형 만들기

게임판은 건축의 역사 포스터 뒷면에 있어요.
뒷면에 있는 8면체 주사위를 접어서
풀로 붙이고 게임말과 건물 딱지도 떼요.
각자 6개의 건물 딱지를 가지고 시작해요.

마을 꾸미기 게임 방법

* 이 게임은 가장 먼저 6개의 건물 위에 건물 딱지를 모두 놓는 사람이 이겨요.
* 게임은 출발 칸에서 시작하고, 8면체 주사위를 던져 원하는 방향 어느 쪽으로든 게임말을 이동할 수 있어요.
* 원한다면 터널로 들어가서 다른 터널로 다시 나올 수도 있어요.
* 건물 칸 위에 도착하면 칸 위에 그려진 것과 같은 건물 딱지를 하나 놓아요.
* 건물 딱지를 놓은 후에는 다음 사람 차례가 되고, 한 바퀴가 돌아 다시 내 차례가 됐을 때 주사위를 던져 노란색 네모 칸에 적힌 숫자가 나와야 그 건물을 지을 수 있어요.
* 건물을 지었으면 주사위의 숫자만큼 전진할 수 있어요.
* 하지만 노란색 네모 칸의 숫자를 기다리는 동안 다른 사람이 같은 건물 칸 위에 도착하면, 먼저 도착한 사람의 말을 터널 칸으로 강제로 옮길 수 있어요. 터널 칸으로 게임말이 옮겨진 사람은 자기 차례가 다시 돌아올 때까지 터널에서 기다려야만 해요.
* 게임말이 초록색 칸에 가면 적힌 대로 실행하면 돼요.

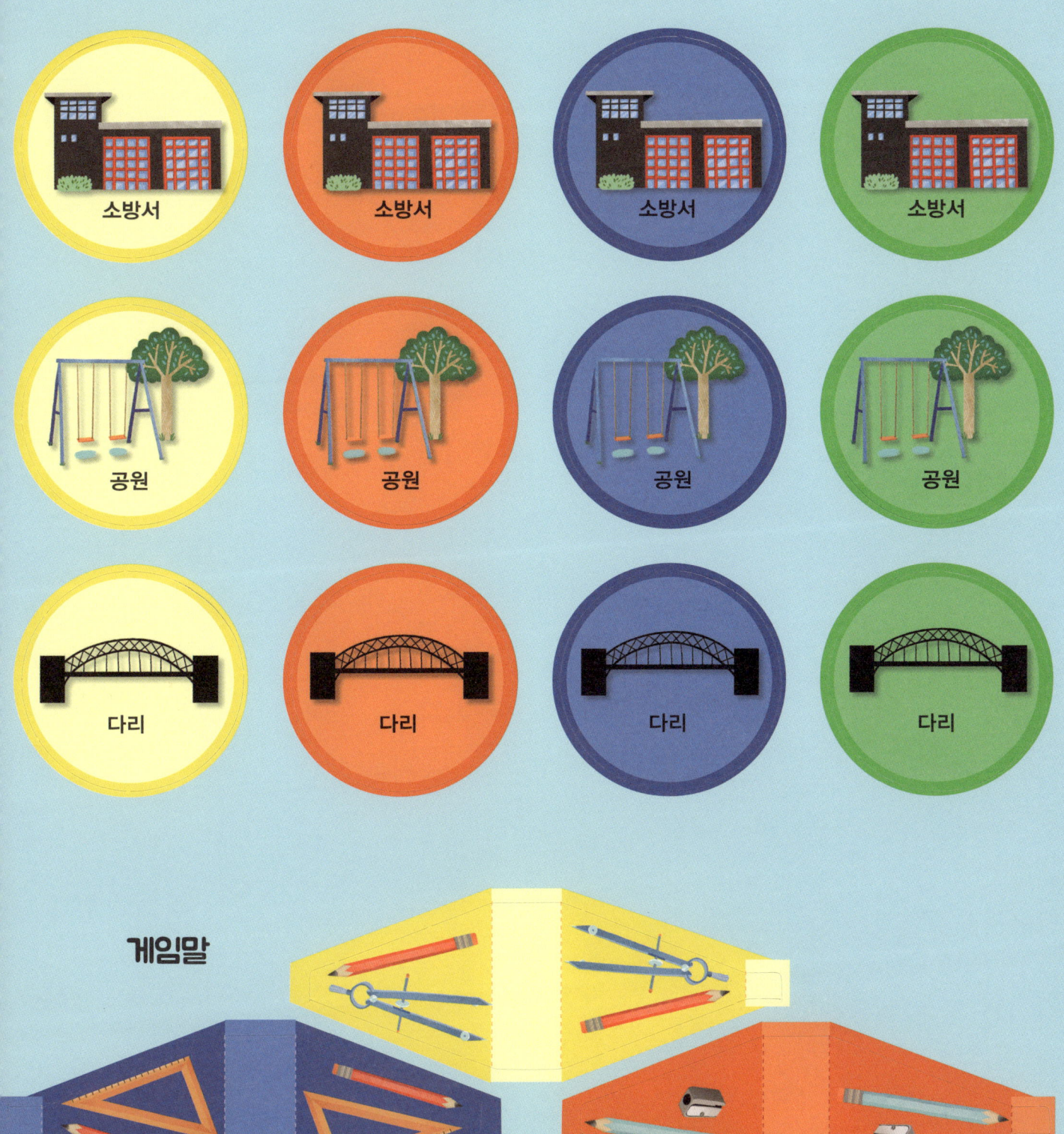

건물 딱지

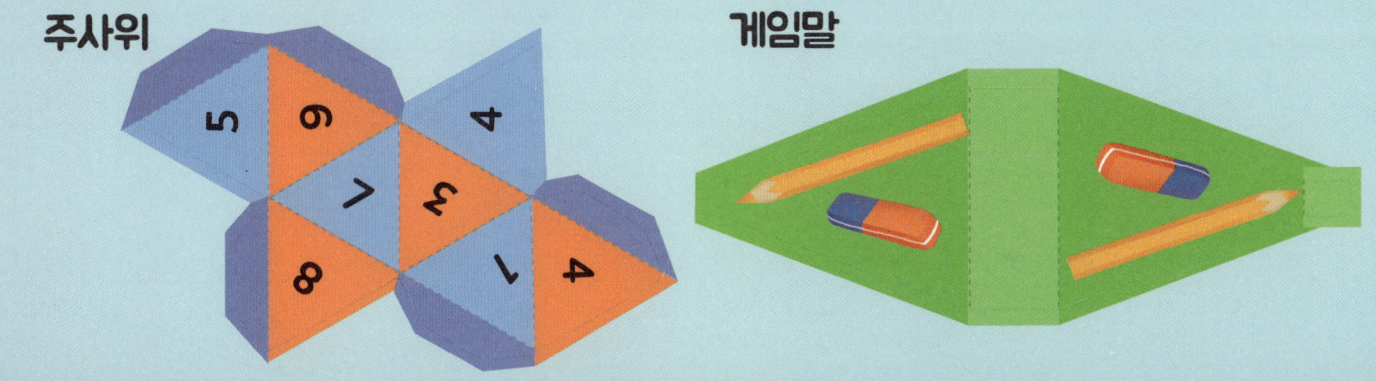